Nakama 1b

INTRODUCTORY JAPANESE: *COMMUNICATION, CULTURE, CONTEXT*

Student Activities Manual

Second Edition

Yukiko Abe Hatasa
Hiroshima University

Kazumi Hatasa
Purdue University
The Japanese School, Middlebury College

Noriko Hanabusa
University of Notre Dame

Yoko Kawano
Kansai Gaidai University

HEINLE
CENGAGE Learning

Australia • Brazil • Japan • Korea • Mexico • Singapore • Spain • United Kingdom • United States

HEINLE
CENGAGE Learning

Nakama 1b: Student Activities Manual, Second Edition
Yukiko Abe Hatasa, Kazumi Hatasa, Noriko Hanabusa and Yoko Kawano

Executive Publisher: Rolando Hernández

Senior Sponsoring Editor: Glenn A. Wilson

Executive Marketing Director:
  Eileen Bernadette Moran

Development Editor: Kim Beuttler

Project Editor: Michael Kelsey

New Title Project Manager: Susan Peltier

Marketing Associate: Lorreen Ruth Pelletier

Illustrations by Kazuko Yokoi, Kazumi Hatasa, and Inari Information Services, Inc.

For product information and technology assistance, contact us at
Cengage Learning Customer & Sales Support, 1-800-354-9706

For permission to use material from this text or product,
submit all requests online at **www.cengage.com/permissions**
Further permissions questions can be e-mailed to
permissionrequest@cengage.com

ISBN-13: 978-0-547-20863-3

ISBN-10: 0-547-20863-4

Heinle
20 Davis Drive
Belmont, CA 94002-3098
USA

Cengage Learning is a leading provider of customized learning solutions with office locations around the globe, including Singapore, the United Kingdom, Australia, Mexico, Brazil, and Japan. Locate your local office at **www.cengage.com/global**

Cengage Learning products are represented in Canada by Nelson Education, Ltd.

To learn more about Heinle, visit **www.cengage.com/heinle**

Purchase any of our products at your local college store or at our preferred online store **www.cengagebrain.com**

Printed at CLDPC, USA 07-20

CONTENTS

TO THE STUDENT

The Student Activities Manual (SAM) accompanying *Nakama 1b: Introductory Japanese: Communication, Culture, Context* is designed to increase your accuracy in grammar usage and your knowledge of **kanji**, and to help you develop basic listening comprehension and production skills in Japanese. The exercises and activities in the SAM are divided into two sections for each chapter. The workbook activities consist of vocabulary, grammar, and written exercises, and the lab activities provide pronunciation, listening, and oral production exercises. The pages have been perforated so they can be handed in. The three-hole punch design will allow you to hold onto them for reference and test preparation.

For regular chapters, the workbook section consists of the supplementary vocabulary activities followed by supplementary grammar practice to complement those in the text. The grammar activities also include a number of exercises with personalized questions that enable you to practice more creatively the central grammar principles covered in each chapter. The grammar exercises in the workbook, like those in the textbook, are situation-based and reinforce the basic vocabulary in the textbook. Following an integration section, the writing section (**kaku renshuu**) provides penmanship practice for new **kanji** and exercises that reinforce your usage of **kanji** when writing in Japanese.

The lab activities consist of vocabulary pronunciation and practice, speaking and listening comprehension activities, and a Dict-a-Conversation. In the first section, you will hear vocabulary pronounced from your textbook chapter. While listening to the audio materials, you should look at that particular chapter in your textbook, and repeat the items to familiarize yourself with the visual symbols and their sounds. Some chapters include an extra section for additional vocabulary practice. The second section provides supplementary listening and oral production exercises to complement those in the text. The exercises include formation exercises, true/false and multiple-choice exercises, task-based listening activities, and personalized questions. The last section is a dictation practice activity that will allow you to further hone both your listening and writing skills.

At the end of the SAM, you'll find a crossword review section that offers a set of fun and challenging puzzles covering the material you've learned in each chapter.

Chapter 7

だいななか

Favorite Things and Activities

好きなものと　好きなこと
　　　す　　　　　　　　　す

Workbook Activities

単語の　れんしゅう　**Vocabulary Practice**
たん　ご

Answer the following questions in Japanese.

1. よく　やさいを　たべますか。どんな　やさいをたべますか。

_____

2. 学食に　どんなのみものが　ありますか。
　しょく

_____

3. 昨日　くだものを　たべましたか。何を　たべましたか。おいしかった
　きのう
です　か。

_____

4. きっさてんのコーヒーは　高いですか。こうちゃは　どうですか。
　　　　　　　　　　　　　　たか

_____

5. どんなスポーツを　よく　しますか。

_____

6. 休みに　りょこうに　いきましたか。
　やす

_____

I. Expressing likes or dislikes using 好き or きらい and the particle や

A. Write the appropriate particle or word in each of the following blanks, using the information in the chart. A smiling face indicates something the person likes (好きです). A neutral face indicates the person's indifference (あまり 好きじゃありません). A frowning face indicates the person's dislike (好きじゃありません).

1. 山田さんは _____ と _____ 好きです。
   でも、_____ は　あまり _____ ありません。

2. ブラウンさんは　バナナ _____。
   でも、りんごは _____。

3. ジョンソンさんは _____ や _____ 好きです。
   でも、_____。

4. 山田さん _____ くだものは　バナナです。
   ブラウンさん _____ も　バナナです。

5. _____ さんは　トマトや　りんごが　好きです。
   でも、にんじんは　あまり _____。

B. Complete the following sentences, using や.

■ Example　毎日_{まいにち}　<u>にくや　やさいを</u>　たべます。

1. スーパーに ＿＿＿＿＿＿＿＿＿＿＿＿＿＿＿＿＿＿ あります。

2. 毎晩_{まいばん} ＿＿＿＿＿＿＿＿＿＿＿＿＿＿＿＿＿＿ のみます。

3. 高校_{こう}のとき (*when*)、よく ＿＿＿＿＿＿＿＿＿＿＿＿＿＿ ききました。

4. 今_{こん}がっき (*this semester*)、＿＿＿＿＿＿＿＿＿＿＿＿＿＿ の
   じゅぎょうが　あります。

II. Forming noun phrases using の and plain present affirmative verbs (dictionary form)

A. Complete the following chart. First identify whether the verb is irregular, a る-verb, or an う-verb. Then change the verb from the 〜ます form to the dictionary form.

〜ます form	Verb class	Dictionary form
よみます	う	よむ
うたいます		
たべます		
つくります		
ききます		
きます		
かきます		
かえります		
かけます		
かかります		
およぎます		
います		
とります		
あそびます		
します		
みます		
あいます		
まちます		

B. Rewrite each sentence using の to turn the verb form into a noun phrase with 好きです.

■ Example　私は　テレビを　よく　みます。
　　　　　　<u>私は　テレビを　みるのが　好きです。</u>

1. 大川さんは　しゃしんを　よく　とります。

　　_____

2. ジョンソンさんは　よく　ともだちと　テニスを　します。

　　_____

3. ホワイトさんは　りょうのへやで　クラシックを　よく　ききます。

　　_____

4. グリーンさんは　よく　そとで　えを　かきます。

　　_____

5. 中川さんは　よく　カラオケに　いって、　日本のうたを　うたいます。

　　_____

C. Complete each of the following sentences by filling in the blanks with a dictionary form verb + の.

■ Example　<u>日本語を　はなすの</u>　は　むずかしいです。

1. _____ は　おもしろいです。

2. _____ は　やさしいです。

3. _____ は　大変です。
　　　　　　　　　　　　　　　　　　　　　　　　　たいへん

4. _____ は　たのしいです。

III. Making contrasts using the particle は, and expressing *but* using が

A. Complete each of the following conversations by filling in the parentheses with the correct particle(s) and the underline with the appropriate verb/adjective. You need to insert one or two particles in each set of parentheses.

■ Example　A: ニューヨークは大きいですね。

　　　　　　B: ええ。

　　　　　　A: パリ (Paris) （　も　）大きいですか。

　　　　　　B: いいえ、パリ　（　は　）<u>あまり　大きくありません。</u>

1. A: 昨日は　いそがしかったですね。

　　B: ええ。でも　今日（　　　）あまり _____ ね。

　　A: そうですね。

2. A: 日本りょうりは　好きですか。

　　B: そうですね。てんぷら（　　）あまり _____ が、
　　　　すし（　　）好きですね。

　　A: そうですか。

3. A: ブラウンさん、よく　としょかんに　いきますね。

　　B: ええ、今日（　　　）いきますよ。でも、明日（　　　）アルバイトが
　　　　あって、いけません (cannot go)。

　　A: そうですか。

4. A: 毎日　大学に　何で (how) きますか。

　　B: たいてい　あるいて　きますが、ときどき、じてんしゃ（　　　）きますよ。

　　A: バス（　　　　　　　）_____ か。

　　B: いいえ、バス（　　　　　　　）_____。

5. A: ディズニーランドは　カリフォルニアに　ありますね。

　　B: ええ、でも、とうきょう（　　　　　　）_____ よ。

　　A: そうですか。大阪（　　　　　　）_____ か。

　　B: いいえ、大阪（　　　　　　）_____。

6. A: 今日　じゅぎょうが　ありますか。

B: はい、１０時半に　あります。

A: １１時半（　　　　　　　）_____か。

B: いいえ、１１時半（　　　　）_____。

B. Write your answer to each of the following questions, using が (*but*) and は (contrast).

■ Example　どんな　スポーツが　好きですか。

やきゅうは　好きですが、フットボールは　あまり

好きじゃありません。

1. どんなたべものが　好きですか。

_____

2. どんなおんがくが　好きですか。

_____

3. 高校の　とき (*when*)、どんなスポーツが　好きでしたか。

_____

C. Look at the following chart and describe each person's preferences, using が and は.

■ Example　山田さんは　ゲームを　するのは／が　好きですが、スポーツを
　　　　　　するのは　好きじゃありません。

	😄	😖
山田	ゲームを　します	スポーツを　します
1. 田中	しずかな　おんがくを　ききます	うたを　うたいます
2. 大川	古い　えいがを　みます	新しい　えいがを　みます
3. 上田	りょこうに　いきます	うちに　います
4. 川上	レストランで　しょくじします	りょうりを　つくります
5. 中山	パーティに　いきます	パーティを　します

1. _____

2. _____

3. _____

4. _____

5. _____

IV. Making comparisons using 一番 and 〜（の）方が〜より, and
〜も〜も　and expressing lack of preference

A. Write the correct question for each of the following answers. Use 一番 and the appropriate adjective.

■ Example　ミシシッピー川 (*Mississippi River*)
　　　　　アメリカで　一番大きい川は　どの川ですか。

ことばの　リスト

せかい　　world

しゅう　　state

1. エベレスト (*Mt. Everest*)

_____

2. とうきょう

_____

3. ロードアイランド (*Rhode Island*) しゅう

_____

4. ハーバード (*Harvard*) 大学

_____

5. ふじ山

_____

B. Write your answer to each of the following questions, using 一番.
いちばん

■ Example　スポーツの中で　何を　一番　よく　しますか。
　　　　　　　　　　　　　いちばん
　　　　　　テニスを　一番　よく　します。
　　　　　　　　　　いちばん

1. どのレストランに　一番　よく　いきますか。
　　　　　　　　　　　いちばん

_____

2. スポーツの中で　何を　みるのが　一番　好きですか。
　　　　　　　　　　　　　　　　　いちばん　す

_____

3. えいがの中で　一番　好きな　えいがは　何ですか。
　　　　　　　　いちばん　す

_____

4. たべものの中で　何が　一番　おいしいですか。
　　　　　　　　　　　　いちばん

_____

5. キャンパスの中で　一番　古いたてものは　何ですか。
　　　　　　　　　　いちばん　ふる

_____

C. For each of the following sets of items, write a question and an answer comparing the two items, using the adjective in parentheses.

■ Example　ロサンゼルス／サンフランシスコ　（大きい）

　　　　　A: <u>ロサンゼルスと　サンフランシスコと　どちらの方が　大きい</u>
　　　　　　　<u>ですか。</u>

　　　　　B: <u>ロサンゼルスの　方が　サンフランシスコより　大きいです。</u>

1. ニューヨーク／ロンドン（古い）

　　A: _____

　　B: _____

2. 大学生／大学院生（いそがしい）

　　A: _____

　　B: _____

3. カタカナ／かんじ (やさしい)

　　A: _____

　　B: _____

4. りょうりを　つくります／せんたくを　します（大変）

　　A: _____

　　　 _____

　　B: _____

D. For each of the following sets of items, write a sentence comparing the two items, supplying an adjective of your own.

■ Example　　ペプシ／コカコーラ

<u>ペプシの　方が　コカコーラより　おいしいです。</u>
　　　　　　　ほう

1. 日本のくるま ／アメリカのくるま

_____

2. バーガーキング／マクドナルド

_____

3. やきゅうを　します／やきゅうを　みます

_____

4. 休みの日に　うちに　います／でかけます

_____

V. Giving reasons using the plain form + ので

A. Complete the following charts by supplying the appropriate form of each adjective, copula verb, and verb.

Adjectives/Copula verb	Class	Affirmative + ので	Negative + ので
大きい	い	大きいので	大きくないので
しずか			
ひろい			
いい			
きれい			
いそがしい			
げんき			
安い			
ひま			
大学生			

Verb 〜ます form	Class	Affirmative + ので	Negative + ので
いきます	う	いくので	いかないので
およぎます			
おきます			
うたいます			
べんきょうします			
でかけます			
きます			
ききます			
ねます			
はいります			

B. Write a statement that combines the two sentences in the items below, using 〜ので. You must decide which of the two sentences should come first.

■ Example　今日は　べんきょうします。明日　テストが　あります。
あした

　　　　　明日　テストが　あるので、今日は　べんきょうします。
　　　　　あした

1. しゅくだいが　毎日　あります。たいへんです。
　　　　　　　　まい

_____

2. ごはんを　つくります。友達が　うちに　きます。
　　　　　　　　　　　ともだち

_____

3. おさけを　ぜんぜん　のみません。いざかや (Japanese style drinking place)
に　いきません。

_____

4. 今日は　いそがしいです。　コンビニで　アルバイトをします。

_____

5. うちで　ゆっくりします。週末は　いそがしくありません。

_____

6. ジョギングを　するのが　好きです。よく　こうえんに　いきます。
　　　　　　　　　　　　す

_____

7. りょうしんと　でんわで　はなしません。さびしいです。

_____

C. Write your answer to each of the following questions, using ～ので.

■ Example　どのスーパーに　よく　いきますか。　どうしてですか。
　　　　　　<u>うちのちかくに　あるので、　ウォルマートに　よく　いきます。</u>

1. どのスーパーに　よく　いきますか。

_____

2. どこで　よく　ひるごはんを　たべますか。

_____

3. どんな　新聞／ざっしを　よく　よみますか。
　　　　しんぶん

_____

4. どこで　よく　日本語を　べんきょうしますか。
　　　　　　　　　ご

_____

Name _____ Class _____ Date _____

そうごうれんしゅう **Integration**

A. Complete the following dialogue.

古田： ブラウンさんの　しゅみ _____。

ブラウン： そうですね。ぼくは　おんがくを _____
好きですね。

古田： どんな _____。

ブラウン： ジャズが　一番　好きです。古田さんは？

古田： そうですね。私も _____ よ。

ブラウン： そうですか。今週の週末、ワシントンホールで　とてもいいジャズ
のコンサートが _____ よ。よかったら (*if you like*)
いっしょに _____。

古田： あ、それは　いいですね。ぜひ。

Chapter 7　19

B. Write a short essay about your best friend（私の　一番　いい友達）. Use your answers to
the following questions as a guide.

1. 一番　いい友達は　だれですか。

2. その人は　何をするのが　好きですか。きらいですか。

3. その人は　学生ですか。今　どこに　いますか。

4. その人は　週末に　よく　何を　しますか。

Try to use the following grammar structures as often as possible.

☐ Verb て-form
☐ Adjective て-form
☐ Place に　〜に　いきます(purpose)
☐ Comparisons:
　　☐ 〜の方が　〜より
　　☐ 〜の中で　〜が　一番〜
　　☐ 〜も　〜も
☐ Double particles では、でも、とは、etc.
☐ 〜ので、〜
☐ 〜が、〜
☐ Conjunctions そして、でも、それから、たとえば

_____

_____

_____

_____

_____

_____

_____

かく　れんしゅう　**Writing Practice**

A. Look at the chart on pages b-41–b-42 of your textbook and write each **kanji** ten times using the handwritten style.

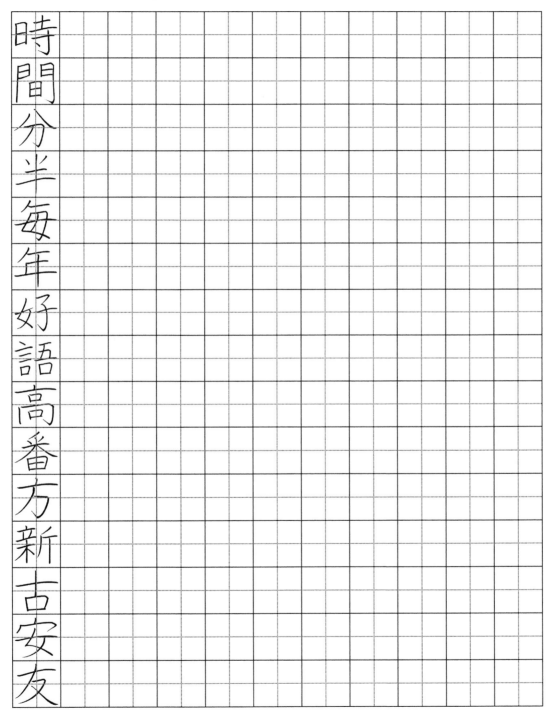

B. Rewrite each sentence using kanji, hiragana, and katakana.

1. たかださんは　まいにち　ともだちと　２じかんぐらい
べんきょうします。

_____

2. A: すみませんが、いま　なんじですか。

B: ３じはんです。

A: _____

B: _____

3. わたしの１ばん　すきな　れすとらんは、　あたらしいですが
たかいです。

_____

4. あのあぱーとは、ちょっと　ふるいので　やすいです。

_____

5. １ねんせいのにほんごのじゅぎょうは、あさ　９じ３５ふんから
あります。

_____

6. わたしは　ばすけっとぼーるのほうが　ふっとぼーるより　すきです。

_____

ラボの　れんしゅう **Lab Activities**

Part 1: Vocabulary

Please turn to the vocabulary list on page b-2–b-4 of your textbook and repeat each word or phrase you hear.

Part 2: Speaking and Listening Comprehension Activities

I. Expressing likes or dislikes using 好き or きらい and the particle や

A. Listen to each of the following statements. After each one, write what the person likes next to the smiling face and what the person dislikes next to the frowning face. Stop the audio as necessary.

■ You hear: 私は　テニスや　スキーが　好きです。でも、ゴルフは　好きじゃ ありません。

You write: テニス and スキー next to the smiling face, and ゴルフ next to the frowning face.

 テニス　スキー　　　　ゴルフ

1. _____   _____

2. _____   _____

3. _____   _____

4. _____   _____

5. _____   _____

B. Ueda and Li are talking in a restaurant. Listen to their conversation. After the conversation, look at each of the following statements. If a statement is true, circle はい; if it is false, circle いいえ.

■ You hear:　リー：上田さんは　トマトを　たべますか。

　　　　　　　上田：ええ、私は　やさいが　大好きなんです。

　You see:　　上田さんは　やさいが　好きです。

　You circle :　はい　because it is true.

　　　　　　（はい）　いいえ　上田さんは　やさいが　好きです。

1. はい　　いいえ　　　　上田さんは　コーヒーが　好きです。

2. はい　　いいえ　　　　リーさんも　コーヒーが　好きです。

3. はい　　いいえ　　　　上田さんと　リーさんは　テニスが　好きです。

4. はい　　いいえ　　　　上田さんは　スキーが　あまり　好きじゃありません。

5. はい　　いいえ　　　　リーさんは　スキーが　好きです。

6. はい　　いいえ　　　　リーさんは　ゴルフは　あまり　好きじゃありません。

C. Listen to each of the following dialogues with information about activities of the second speaker. Fill in the blank with either と or や, whichever is appropriate. Make your choice solely on the basis of the information given in the dialogues.

■　You hear:　A: どんな　ざっしを　よく　よみますか。

　　　　　　　B: タイム(*Time*)を　よみます。　ニューズウィーク(*Newsweek*)も　よみます。

　　　　　　　A: ワールドニュース (*World News*) も　よく　よみますか。

　　　　　　　B: いいえ、ワールドニュースは　よみません。

　You see:　　B さんは　タイム（　　　）ニューズウィークを　よみます。

　You write:　B さんは　タイム（ <u>と</u> ）ニューズウィークを　よみます。

1. スミスさんは　りょうしん（　　　）日本の友達に　よくメールを　かきます。

2. 田中さんは　コンサート（　　　）えいがに　よく　いきます。

3. 山田さんは　学食（　　　）きっさてんで　よく　ひるごはんを　たべます。

4. リーさんは　としょかん（　　　）学生かいかんで　よく　べんきょうします。

II. Forming noun phrases using の and the plain present affirmative verbs (dictionary form)

A. Listen to each of the following verbs and say it in the plain present form. You will then hear the correct plain present verb. Write the verb.

■ You hear: あります

You say: ある

You hear: ある

You write: <u>ある</u>

1. _____   6. _____   11. _____

2. _____   7. _____   12. _____

3. _____   8. _____   13. _____

4. _____   9. _____   14. _____

5. _____   10. _____   15. _____

B. Listen to the following dialogues. After each dialogue, complete the statement by circling the correct choice. Stop the audio as necessary.

■ You hear: A: いとうさんの　しゅみは　なんですか。

B: そうですね。私は　本を　よむのが　好きですね。
　　　　　　　　　　　　　　　　　　　　　す

You see: Ito-san likes a. cooking b. bowling c. reading d. drinking

You write: <u>c</u> because Ito-san's hobby is reading.

1. Smith-san likes _____ on weekends.
   a. playing basketball   b. swimming   c. walking   d. running
2. Kimura-san likes _____ in the park.
   a. taking pictures   b. taking a walk   c. reading books   d. having lunch
3. Tanaka-san likes _____.
   a. playing baseball   b. watching movies   c. making movies   d. watching baseball
4. Brown-san dislikes _____.
   a. drawing   b. traveling   c. talking   d. cooking
5. Ishida-san dislikes _____.
   a. going to movies   b. staying at home   c. exercising   d. going to concerts

III. Making contrasts using the particle は, and expressing *but* using が

A. Listen to each of the following conversations and complete each statement in writing. Stop the audio as necessary.

■ You hear:　A: 昨日　しごとを　しましたか。
　　　　　　　　 きのう

　　　　　　　B: ええ。

　　　　　　　A: 明日も　しますか。
　　　　　　　　 あした

　　　　　　　B: いいえ、明日は　しません。
　　　　　　　　　　　 あした

　You see:　　昨日　しごとを　しましたが、_____
　　　　　　　きのう

　You write:　昨日　しごとを　しましたが、明日は　しません。
　　　　　　　きのう　　　　　　　　　　あした

1. 昨日　新聞を　よみましたが、_____
　　きのう　しんぶん

2. 土曜日と　日曜日に　うんどうを　しますが、_____

3. うちで　ひるごはんを　たべますが、_____

4. としょかんは　新しい　たてものですが、_____
　　　　　　　　　あたら

B. Listen to each of the following short conversations. After each conversation, fill in the blank to complete each statement, using が.

■ You hear:　　A: 今から　何を　しますか。

　　　　　　　　B: えいがを　みに　いくんです。

　　　　　　　　A: しゅくだいは　しましたか？

　　　　　　　　B: いいえ、まだ　日本語のしゅくだいが　あります。
　　　　　　　　　　　　　　　　ご

　You write:　　日本語のしゅくだいが　ありますが、えいがを　みにいきます。
　　　　　　　　　ご

1. _____、いぬは　いません。

2. _____、するのは　あまり　好きじゃ
ありません。　　　　　　　　　　　　　　　　　　　　　　　　　　　　す

3. _____、このへやは　あまり　きれい
じゃありません

4. _____、今晩　パーティに　いきます。
　　　　　　　　　　　　　　　　　　　　　　ばん

IV. Making comparisons using 一番(いちばん) and 〜（の）方(ほう)が〜より, and 〜も〜も and expressing lack of preference

A. Listen to each of the following questions. Choose the correct answer from the chart and write it on the line. Stop the audio as necessary.

■ You hear: アメリカで　一番(いちばん)　大きい　しゅうは　どこですか。

You write: <u>アラスカです。</u>

ことばのリスト

せかい　　world
しゅう　　state

山	エベレスト (Mt. Everest)	ふじ山(さん) (Mt. Fuji)	マッキンリー (Mt. McKinley)	
くに	バチカン	かんこく	スイス	フランス
しゅう	アラスカ	ハワイ	ニューヨーク	カリフォルニア
まち	ニューヨーク	シカゴ	ロサンゼルス	

1. _____ 4. _____

2. _____ 5. _____

3. _____

B. Listen to each of the following questions and write your answer to each question. Stop the audio as necessary.

■ You hear: たべものの中で　何が　一番(いちばん)　好(す)きですか。

You write: <u>さかなが　一番(いちばん)　好(す)きです。</u>

1. _____

2. _____

3. _____

4. _____

5. _____

6. _____

C. Circle the item(s) to which the comparative adjective applies and write the adjective in English. You may need to circle both.

■ You hear:　A: サンフランシスコと　ロサンゼルスと　どちらの方が 大きいですか。

　　　　　　　B: ロサンゼルスの　方が　大きいです。

　You circle: ロサンゼルス

　You write: big

　　　　　サンフランシスコ　　（ロサンゼルス）　　＿big＿

1. やきゅう　　　　　　　フットボール　　　＿＿＿＿＿＿＿＿＿

2. ビール　　　　　　　　ワイン　　　　　　＿＿＿＿＿＿＿＿＿

3. 日本語　　　　　　　　スペイン語　　　　＿＿＿＿＿＿＿＿＿

4. ブラウンさんのへや　　ホワイトさんのへや　＿＿＿＿＿＿＿＿＿

5. そとで　しょくじします　りょうりを　つくります＿＿＿＿＿＿＿＿＿

6. カラオケに　いきます　おんがくを　ききます　＿＿＿＿＿＿＿＿＿

D. Listen to the two comparative statements. After listening, stop the audio and write the name of each country, state, or city from the largest to the smallest.

■ You see:　イギリス／ドイツ／イタリア

　You hear:　ドイツの方が　イタリアより　大きいです。

　　　　　　そして、イギリスの方が　イタリアより　小さいです。

　You write: ドイツ　イタリア　イギリス

1. イタリア　　　　　　　フランス　　　　　　日本
　＿＿＿＿＿＿＿＿＿＿　＿＿＿＿＿＿＿＿＿＿　＿＿＿＿＿＿＿＿＿＿

2. インディアナ　　　　　アイオワ　　　　　　ニュージャージー
　＿＿＿＿＿＿＿＿＿＿　＿＿＿＿＿＿＿＿＿＿　＿＿＿＿＿＿＿＿＿＿

3. とうきょう　　　　　　パリ　　　　　　　　ロンドン
　＿＿＿＿＿＿＿＿＿＿　＿＿＿＿＿＿＿＿＿＿　＿＿＿＿＿＿＿＿＿＿

4. ニューヨーク　　　　　シカゴ　　　　　　　ロサンゼルス
　＿＿＿＿＿＿＿＿＿＿　＿＿＿＿＿＿＿＿＿＿　＿＿＿＿＿＿＿＿＿＿

5. きょうと　　　　　　　おおさか　　　　　　とうきょう
　＿＿＿＿＿＿＿＿＿＿　＿＿＿＿＿＿＿＿＿＿　＿＿＿＿＿＿＿＿＿＿

V. Giving reasons using the plain form + ので

A. Listen to each of the following short conversations. After each conversation, fill in the blank with the appropriate reason-giving sentence, using 〜ので.

■ You hear: A: 今日の　あさ　何時_じごろ　おきましたか。

B: ６時_じに　おきました。

A: はやいですね。

B: ええ、毎_{まい}あさ　ジョギングを　しますから、あさは　６時_じごろ　おきます。

You write: 毎_{まい}あさ　ジョギングを　するので、　６時_じに　おきます。

1. _____ 今晩_{ばん}ご　はんを　たべに
いきません。

2. _____ あまり　好_すきじゃありません。

3. _____ 今日は　たいへんです。

4. _____ あさ　うちで　ゆっくりします。

5. _____ 今晩_{ばん}　りょうしんに　でんわを
かけません。

6. _____ 昨日_{きのう}　そうじしました。

7. _____ 田中さんのへやには　たくさん
CD が　あります。

Part 3: Dict-a-Conversation

You (Smith) are at a party. You meet a Japanese student named Sugiyama. After introducing yourself you start talking to him about his hobbies.

スミス： _____

杉山
_{すぎやま}： _____

スミス： _____

杉山
_{すぎやま}： _____

スミス： _____

杉山
_{すぎやま}： _____

スミス： _____

杉山
_{すぎやま}： _____

Chapter 8
だい八か
はち

Shopping

買い物
か もの

Workbook Activities

単 語のれんしゅう　**Vocabulary Practice**
たん

A. Answer the following questions in Japanese.

1. どんなふくを　よく　かいますか。どこで　かいますか。

_____

2. デパートの婦人服うりばに　どんなものが　ありますか。
ふじんふく

_____

3. 今、（〜さんの）へやに　どんなふくや　アクセサリーが　ありますか。
(Use adjectives to describe the items)

_____

B. Write the Arabic numerals for the following numbers.

1. よんせんごひゃくろく _____

2. ひゃくはち _____

3. いちまんななせん _____

4. さんびゃくよんじゅうまん _____

5. はちまんさんぜんごじゅうご _____

6. にじゅうきゅうまんろくせんひゃくさんじゅう _____

C. Write the pronunciation of the following numbers in **hiragana.**

1. 12,456 _____

2. 3,333,333 _____

3. 48,862 _____

4. 6,670 _____

5. 55,799 _____

6. 3,291,910 _____

D. Complete the following dialogue between a customer and a sales clerk at a department store.

1. きゃく (*customer*) ： すみません、あのセーターを _____ 下さい。

店の人 (*sales clerk*)： はい、どうぞ。

きゃく： ちょっと小さいですね。_____ のは
ありませんか。

店の人： はい、おまち下さい (*please wait*)。

2. 店の人： この腕時計は　いかがですか (＝どうですか)。

きゃく： そうですね、_____ ですね。もうすこし安いのは

_____。

店の人： はい、どうぞ。

きゃく： いいですね。これを　下さい。すみませんが、はこに

_____ 下さい。

店の人： かしこまりました（＝わかりました）。

I. Requesting and giving explanation or additional information, and creating harmony and shared atmosphere using 〜んです

A. The following conversations are somewhat awkward because some sentences use ます／ません instead of んです. Underline the parts that would need to be changed, and supply the correct 〜んですform.

■ Example　A: あれ、にくは　<u>たべませんか。</u> → たべないんですか。

　　　　　　B: ええ、にくは　<u>きらいです。</u> → きらいなんです。

1. A: よく　バナナを　たべますね。

　　B: ええ、バナナが　とても　好きです。

2. (B is not playing computer games while others are participating.)

　　A: ゲームを　しませんか。

　　B: すみません、あまり　好きじゃありません。

3. A: 中山さん、今晩、いっしょに　パーティに　いきませんか。
　　　　　　　　ばん

　　B: 今晩は　ちょっと…。
　　　ばん

　　A: 何か (something) ありますか。

　　B: ええ、明日　日本語のテストが　あります。
　　　　　あした

4. (At midnight, A sees a roommate, B, leaving his/her apartment.)

A: 今　でかけますか。

B: ええ、明日のあさごはんのたまごが　ありません。
　　　あした

5. A: 高山さん、りょうのへやは　どうですか。

B: あのへやは　ちょっと...

A: きらいですか。

B: ええ。とても　小さくて　くらいです。

6. A: 山本さん、今日のごご、うちに　きませんか。

B: あ、すみません。今日の　ごごは　デパートに　いきます。
　　バーゲン (sale) が　ありますよ。

A: そうですか、じゃあ　また　今度。
　　　　　　　　　　　　　　こんど

II. Expressing desire using　ほしい・ほしがっている and ～たい・～たがっている

A. Complete the following dialogues, using ほしい／ほしがっている.

1. A: ミラーさん、今、何 _____ か。

   B: そうですね、新しいジーンズ _____ 。

   A: ジャケットも _____ か。

   B: いいえ、高いので、ジャケットは _____ 。

2. A: 私、来週　誕生日_{たんじょうび}なんですよ。

   B: あ、そうですか。プレゼントに　どんなもの _____ か。

   A: そうですねえ、腕時計_{うでどけい} _____ です。

   B: そうですか。ぼくは　誕生日_{たんじょうび}に　ゲーム _____ 。

   A: 私のおとうと (*younger brother*) も　ゲーム _____ よ。

B. Look at the chart indicating your and Mr. Tanaka's wishes. はい means that the activity in the left column is agreeable, and いいえ means that the activity is not agreeable. Write sentences about what you and Mr. Tanaka do or do not want to do.

		私	田中さん
	うち／かえる	はい	はい
1	プール／およぐ	いいえ	いいえ
2	しゃしん／とる	はい	いいえ
3	うち／ゆっくりする	いいえ	はい
4	友達_{だち}／メール／かく	はい	はい
5	そと／しょくじする	はい	いいえ
6	スーツ／かう	いいえ	はい

■ Example 　<u>私は　うちに　かえりたいです。田中さんも　うちに　かえりた</u>
　　　　　　<u>がっています。</u>

1. _____

2. _____

3. _____

4. _____

5. _____

6. _____

C. Complete the following sentences describing what you and other people want to do.

■ Example　私は　<u>おいしいアイスクリームが　たべたいです。</u>
　　　　　　ちち (_my father_) は　<u>ハワイに　ゴルフを　しに　いきたがっています。</u>

1. 私は　今 _____

2. 友達の _____ さんは _____
　　だち

3. はは (_my mother_) は _____

4. ちち (_my father_) は _____

D. Answer the following questions in Japanese.

1. 去年 (_last year_) の 誕生日に　何が　一番　ほしかったですか。今年 (_this year_)
　　きょねん　　　たんじょうび　　　　いち　　　　　　　　　　　　ことし
　　は　どうですか。

　　_____

2. 今、くつとかばんと　どちらの方が　ほしいですか。

　　_____

3. がいこく (_foreign country_) の 中で、どこに　一番　りょこうに
　　　　　　　　　　　　　　　　　　　　　　いち
　　いきたいですか。

　　_____

4. 今　ゆうめいな人の中で、だれに　一番　あいたいですか。こどものとき
　　　　　　　　　　　　　　　　　いち
　　(_when you were a child_) は　どうでしたか。

　　_____

III. Expressing quantities with numbers and counters まい, 本, ひき, and さつ

A. Look at each of the numbered illustrations and complete a sentence describing each item and quantity, following the example. **Do not use kanji for counter expressions.**

| Example | 1 | 2 | 3 | 4 | 5 | 6 |

10 pages

■ Example   <u>セーターを　いちまい</u>　かいました。

1. 昨日 _____ よみました。
   きのう

2. ベッド _____ います。

3. デパート _____ かいました。

4. 今晩 _____ かきます。
   ばん

5. 店 _____ かいました。
   みせ

6. テーブル _____ あります。

B. Complete the following dialogues using the appropriate phrases and counters. **Do not use kanji for counter expressions.**

1. A: へやに　どんなふくが _____ か。

   B: そうですね、_____ あります。
      (5 pairs of jeans and 4 shirts)

2. A: 大学のとしょかんに　日本語の本が　ありますか。

   B: ええ、たくさんありますよ。

   A: _____ ぐらい　あるんですか。

   B: _____ ありますよ。
      (about three thousand)

3. A: ごりょうしんのうちに　ペットが　いますか。

   B: ええ。りょうしんは　どうぶつ (animal) が　好き _____ 、
      _____ います。
      (3 cats and 2 dogs)

Name _____ Class _____ Date _____

IV. Expressing quantities using Japanese-origin numbers

Complete the following dialogues using the appropriate phrases and counters. **Do not use kanji for counter expressions.**

1. A: 古田さんは　どんなアクセサリーを　もっています (*to own*) か。

   B: _____ ぐらい　ありますよ。

   (8 pairs of earrings and 4 rings)

2. A: 木村さん、昨日　何 _____。
   <small>むら</small>　<small>きのう</small>

   B: スーパーに　くだもの _____ いきました。

   A: そうですか。何 _____ か。

   B: _____ かいましたよ。

   (5 apples and 4 oranges)

3. A: いらっしゃいませ。

   B: すみません、_____ 下さい。

   (3 carrots and 6 tomatoes)

   A: はい、どうぞ。

V. Talking about prices using 円 (えん); indicating floor levels with かい

A. Complete the following dialogues. **Write numbers/counter expressions in hiragana.**

Items	Prices
	¥20
	¥100
	¥40
	¥30

1. A: おきゃくさん、このレタス、_____ 円(えん)ですよ。

にんじんは _____ 円(えん)ですよ。安いですよ、いかがですか。

B: じゃあ、_____ 下さい。

(1 head of lettuce and 2 carrots)

A: ありがとうございます。

2. A: すみません、バナナ _____ か。

B: _____ 円(えん)です。

A: _____ か。

B: えーっと、四十円(よんじゅうえん)です。

A: そうですか。じゃあ、_____ 下さい。

(3 bananas and 3 tomatoes)

ぜんぶで _____ か。

B: _____ 円(えん)です。

B. Complete the following dialogues. **Write numbers/counter expressions in hiragana.**

古田：高木さん、新しいハンドバッグですね。どこ ＿＿＿＿＿＿＿＿＿＿＿＿ か。
　　たかぎ

高木：昨日、えきのまえの店 ＿＿＿＿＿＿＿＿＿＿＿＿＿＿＿＿＿＿＿。
　たかぎ　きのう　　　　　　　　みせ

　　　フランスせい (*made in France*) なんですが、あまり

　　　＿＿＿＿＿＿＿＿＿＿＿＿＿＿＿＿＿＿ よ。

古田：そうですか。＿＿＿＿＿＿＿＿＿＿＿＿＿＿＿ か。

高木：＿＿＿＿＿＿＿＿＿＿＿ でしたよ。
　たかぎ
　　　(5800 yen)

古田：それは　いいかいものですね。

C. Look at the following floor directory and complete the following dialogues between a customer and an information assistant. **Write counter expressions in hiragana.**

おくじょう (R)	ゆうえんち (*amusement center*)
6F	レストラン
5F	ぶんぼうぐ　　本　　CD ／ DVD
4F	かぐ (*furniture*)
3F	婦人服 ふじんふく
2F	しんしふく
1F	くつ　ネクタイ　かばん　　アクセサリー
B1	しょくひん

1. A: すみません、婦人服うりばは　どこに　ありますか。
　　　　　ふじんふく

　　B: ＿＿＿＿＿＿＿＿＿＿＿＿＿＿ に　ございます。

2. A: すみませんが、このたてものに ＿＿＿＿＿＿＿＿＿＿＿＿＿＿

　　B: いいえ、喫茶店は　ございませんが、レストランは　六かいに
　　　　　きっさてん　　　　　　　　　　　　　　　　　　　　　ろっ
　　　　ございます。

3. A: すみません、＿＿＿＿＿＿＿＿＿＿＿＿＿＿＿＿＿＿＿＿＿＿＿。

　　B: 四かいに　ございます。
　　　　よん

4. A: すみません、ケーキを ＿＿＿＿＿＿＿＿＿＿＿＿＿＿＿んですが。

　　B: ケーキですか。しょくひんうりばは ＿＿＿＿＿＿＿＿＿＿＿＿＿＿
　　　　ございます。

そうごうれんしゅう **Integration**

A. You are at a department store and would like to buy an overnight bag. Complete the following conversations with the appropriate phrases and sentences, using your imagination.

（かばんうりばで）

店の人 (*sales clerk*)： いらっしゃいませ。

きゃく (*customer*)： すみません、かばんが _____ んですが。

店の人： このくろいのは　いかがですか。

きゃく： いいかばんですね。_____。

店の人： 二万円で　ございます。

きゃく： _____
_____。

店の人： じゃあ、このちゃいろいのは　いかがでしょうか。

きゃく： _____。

店の人： 一万八千円で　ございます。

きゃく： そうですか。じゃあ、_____。

店の人： はい、ありがとうございます。

きゃく： すみませんが、おくりもの (*present*)_____、
はこ _____ ませんか。

店の人： かしこまりました。しょうしょう　おまち下さい。

B. Read the following passage and answer the questions. It is not necessary for you to understand every single word or phrase.

　私の家は東京の目黒にあります。家の近くに百円ショップがあって、よく買い物をします。そこには、いいものがたくさんありますが、全部百円なので、とても安いです。アクセサリーやキッチン用品もあるし、CDや食べ物もあります。私はよくノートや　えんぴつを買います。

　先週末、私は友達の木村さんの家にあそびに行きました。木村さんの家は横浜にあります。その近くにも新しい百円ショップがあったので、木村さんと一緒に行きました。とても大きくてきれいな店で、一階から五階まであって、目黒のよりずっとよかったです。木村さんはペンをほしがっていたので、はじめにエスカレーターで五階の文房具売り場に行きました。木村さんは赤いペンを二本買いました。私も黒いペンを一本買いました。二階は服の売り場で、ネクタイもTシャツもぜんぶ百円でした。木村さんはきれいなベルトを見つけて、それを三本買いました。私はおかしが買いたかったので、一階の食品売り場に行ったんですが、売り場にはほしいおかしがありませんでした。おかしがなくて残念でしたが、インスタントラーメンがあったので五つ買いました。

　今週は毎日そのラーメンを食べています。あまり体によくないんですが、おいしいです。私は百円ショップが大好きですから、また行きたいです。

ことばのリスト

| おかし | candy, sweets |
| 体によくない | unhealthy |

1. What do these **so-words** refer to? Rephrase them in other Japanese words.

　そこ = _____

　その近く = _____

　それ = _____

2. この人 (writer) は　百円ショップで　よく　何を　買いますか。

_____

3. 木村さんは　何を　買いましたか。
_{むら}　　　　　　　　_か

_____

4. 何階で　ペンを　買いましたか。
_{かい}　　　　　　_か

_____

5. インスタントラーメンは　何階に　ありましたか。
　　　　　　　　　　　　　　_{かい}

_____

6. ○ X を　つけなさい (*put*)。（○ =True, X=False)

（　　　）目黒の百円ショップの方が　横浜のより　いいです。
　　　　　_{めぐろ}　　　　　　　　　_{よこはま}

（　　　）木村さんは　ペンを　買いたがっていました。
　　　　　_{むら}　　　　　　_か

（　　　）木村さんと　この人は　ペンを　買いました。
　　　　　_{むら}　　　　　　　　　　_か

（　　　）木村さんと　この人は　ベルトを　買いました。
　　　　　_{むら}　　　　　　　　　　　_か

（　　　）この人は　おかしが　ほしかったです。

（　　　）この人は　おかしを　買いました。
　　　　　　　　　　　　　　_か

かくれんしゅう　**Writing Practice**

A. Look at the chart on pages b-84–b-85 of your textbook and write each **kanji** ten times using the handwritten style.

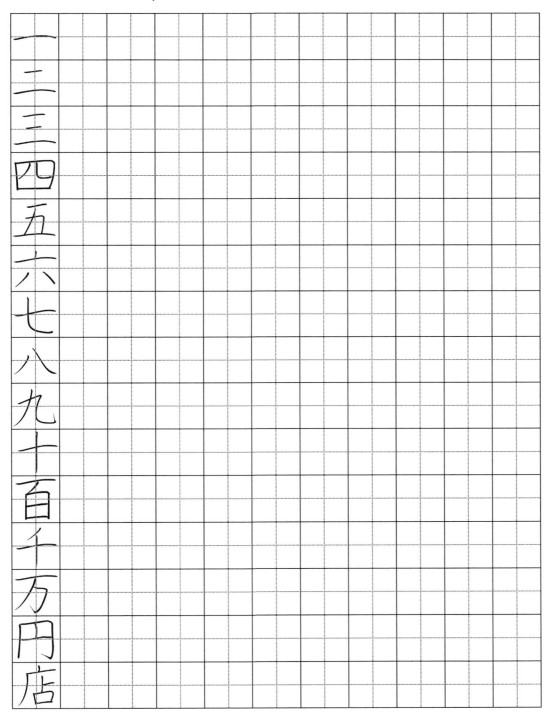

B. Rewrite each sentence using **kanji, hiragana,** and **katakana.**

1. しゅうまつ　あたらしい　みせで　しゃつを　よんまい　かいました。
   いちまん　ごせんえん　でした。

   _____

2. てーぶるの　うえに　おれんじが　むっつと　ばななが　はっぽん
   あります。

   _____

3. すぺいんごの　じゅぎょうは　まいにち　くじ　さんじゅっぷんに
   あります。

   _____

4. にほんごの　がくせいは　ぜんぶで　ひゃくにんぐらい　います。

   _____

ラボの　れんしゅう Lab Activities

Part 1: Vocabulary

Please turn to the vocabulary list on pages b-48–b-50 of your textbook and repeat each word or phrase you hear.

Part 2: Vocabulary Practice

A. Listen to the following numbers and write each one in Arabic numerals.

■   You hear:　ひゃく

　　You write:　<u>100</u>

1. _____	8. _____	15. _____
2. _____	9. _____	16. _____
3. _____	10. _____	17. _____
4. _____	11. _____	18. _____
5. _____	12. _____	19. _____
6. _____	13. _____	20. _____
7. _____	14. _____	

Part 3: Speaking and Listening Comprehension Activities

I. Requesting and giving explanation or additional information, and creating harmony and shared atmosphere using ～んです

A. You have heard some rumors. Listen to each of the following statements and ask a confirmation question. You will then hear the correct question. Write the question.

■ You hear:　スミスさんは　アメリカに　かえります。

　　You say:　スミスさんは　アメリカに　かえるんですか。

　　You hear:　スミスさんは　アメリカに　かえるんですか。

　　You write: <u>スミスさんは　アメリカに　かえるんですか。</u>

1. _____

2. _____

3. _____

4. _____

5. _____

6. _____

7. _____

B. Listen to each of the following conversations with んです and complete each sentence by supplying the correct reason with ので. Stop the audio as necessary.

■ You hear:　A: あら、どうして　さかなは　たべないんですか。

　　　　　　　B: あまり　好きじゃないんです。

　　You write: <u>さかなは　あまり　好きじゃない</u>ので、たべません。

1. _____ ので、明日　大学に　きません。
　　　　　　　　　　　　　　　　　　　　　　あした

2. _____ ので、スーパーに　いきます。

3. _____ ので、いきません。

4. ブラウンさんは _____ ので、日本語を
　べんきょうします。

5. _____ ので、うちに　かえりません。

II. Expressing desire using ほしい・ほしがっている and たい・たがっている

A. Listen to each of the following questions and write your answer.

■ You hear: 明日　何が　したいですか。
　　　　　あした

　You write: <u>テニスが　したいです。</u>

1. _____

2. _____

3. _____

4. _____

5. _____

6. _____

B. Listen to each of the following conversations and circle the choice that fits the content of the conversation.

■ You hear:　A: 何を　しましょうか。

　　　　　　　B: そうですね。今日は　テニスが　見たいですね。
　　　　　　　　　　　　　　　　　　　　　　　み

　　　　　　　A: じゃあ、テニスを　見ましょうか。
　　　　　　　　　　　　　　　　　み

　You see:　　The man wants (to watch tennis/to play tennis).

　You circle:　The man wants (to watch tennis / to play tennis).

1. The man (wants / does not want) to go out.

2. The man wants (to go to a mountain / to see old buildings).

3. The woman wants (to eat good food / to go to karaoke).

4. The woman wants (to go jogging / to see a movie).

5. The man wants to drink (juice / an alcoholic beverage).

III. Expressing quantities with numbers and counters まい, 本, ひき, and さつ

Listen to each of the following conversations. Write each item mentioned and the quantity in Arabic numerals.

■ You hear: A: いらっしゃいませ。

           B: にんじんを　二本　下さい。
_に

You write: <u>にんじん　　2</u>

1. _____

2. _____

3. _____

4. _____

5. _____

IV. Expressing quantities using Japanese-origin numbers

Listen to each of the following statements. Write each item mentioned and the quantity in Arabic numerals.

■ You hear: テーブルの　上に　りんごが　二つ　あります。
_{ふた}

You write: <u>りんご　　2</u>

1. _____

2. _____

3. _____

4. _____

5. _____

V. Talking about prices using 円（えん） ; indicating floor levels with かい

A. Listen to each of the following conversations. List all items mentioned and their prices.

■ You hear: A: すみません、この本は　いくらですか。

B: そちらは　2,500 円（えん）です。

You write: <u>本　¥2,500</u>

1. _____

2. _____

3. _____

4. _____

5. _____

B. You are in a Japanese department store. Listen to the announcement and write the number of the floor on which each event takes place.

■ You hear: 毎度（まいど）　ご来店（らいてん）下さいまして　まことに　ありがとうございます。

ただいま　二かいでは　スーツのセールを　しております。どうぞ

おこしくださいませ。

You see: スーツのセール

You write: <u>　2F　</u>

1. 婦人服（ふじんふく）のバーゲン　　_____

2. くつのセール　　_____

3. チョコレートフェア　_____

Part 4: Dict-a-Conversation

You, Smith, are in a department store and are looking for a shirt. You speak first with the clerk at the information desk, and then with a salesperson in the men's apparel department.

あんないがかり (*clerk*)： _____

スミス： _____

あんないがかり： _____

（しんしふくうりばで）

店の人： _____
みせ

スミス： _____

店の人： _____
みせ

スミス： _____

店の人： _____
みせ

スミス： _____

店の人： _____
みせ

スミス： _____

店の人： _____
みせ

Chapter 9
だい九か
_{きゅう}

Restaurants and invitations
レストランとしょうたい

Workbook Activities

単語のれんしゅう　Vocabulary Practice
_{たん}

Answer the following questions in Japanese.

1. よくどんなレストランに行きますか。そこで何をちゅうもんしますか。
_い

_____

2. どんなデザートをよく食べますか。
_た

_____

3. 今晩、何が食べたいですか。
_{こんばん}　_た

_____

4. 和食の中で、何が一番好きですか。
_{わしょく}

_____

5. あぶらがおおい食べ物と　あぶらがすくない食べ物と、どちらの方が好き
_た　_{もの}　　　　　　　　　　　_た　_{もの}
ですか。

_____

6. メキシコりょうりって、どんなりょうりですか。

_____

7. 何りょうりをよく食べますか。どうしてですか。
_た

_____

I. Indicating choices using 〜にします; making requests using 〜をおねがいします

A. Complete the following conversations, supplying the appropriate counters as necessary. The conversations contain many **katakana** words. Try to guess their meanings from the context in order to complete the dialogue.

1. ウェイトレス：いらっしゃいませ。ごちゅうもんは。

              A： <u>ランチ 一つ を</u>　おねがいします。

ウェイトレス：はい、A ランチをお一つですね。かしこまりました。

2. 　　　　　　A：何を飲みますか。

              B： <u>紅茶 に</u>　　　　　　　します

              A：そうですか。じゃあ私もこうちゃにします。

ウェイトレス：ごちゅうもんは。

              B：すみません。<u>紅茶 を二つ</u>　　　　おねがいします。

ウェイトレス：はい、かしこまりました。

3. A：あそこの　スタバ *(Starbucks)* で、コーヒーを <u>飲みません</u>　　　か。

    B：いいですよ。そうしましょう。

（スタバで）

        A： <u>なに に</u>　　　しますか。

        B：そうですね。私はカフェラテに <u>します</u>　　　。　それから、スコーンを食べます。

        A：そうですか。私はフラペチーノに <u>します</u>　　　　　　　。

店の人：ごちゅうもんは。

        A： <u>カフェラテ とスコーンを</u>　　　　　　おねがいします。

        B：私は、<u>フラペチーノ を</u>　　　　　　おねがいします。

店の人：はい、かしこまりました。

B. Complete the following conversation between 山川さん and 大木さん.

山川： 六時ですね。大木さん、一緒にばんごはんを
　　　食べません か。

大木： ええ、いいですよ。何がいいですか。

山川： そうですね。スパゲティ_が食べたいです_ 。

大木： そうですか。じゃあ、オリーブガーデン (Olive Garden) に
　　　行きましょう か。

山川： いいですね。行きましょう。

（オリーブガーデンで）

山川： ぼくは　ミートボール・スパゲッティに_します_ が、
　　　大木さんは？

大木： そうですね、私はラザニアに_します_ 。飲みものは？

山川： 今日はあついので、ビール_が飲み_ たいですね。

大木： じゃあ、私もビール_を_ ちゅうもんします。

ウェイター： ごちゅうもんは。

山川： _ミートボール・スパゲッティ_ と_ラザニア_
　　　と_にほん を ビール_ おねがいします。

ウェイター： はい、かしこまりました。

II. Eliciting and making proposals using 〜ましょうか and 〜ましょう

Complete the following conversation between 鈴木さん and さとうさん by writing the
appropriate verb forms, 〜ましょうか , 〜ましょう , and ませんか .

鈴木 ： さとうさん、今度の土曜日に田中さんとえいがを見に
　　　　_行く___んですが、一緒に_行きませんか___。

さとう： ええ、ぜひ。どんなえいがですか。

鈴木 ： フランスの古いえいがです。しぶやえきのちかくに、いい
　　　　えいがかん (movie theater) が　_ある_____んですよ。
　　　　_あまり 大きく ありません_____ (not very big) が、
　　　　_新しくて きれいな____ (new and clean) んです。

さとう： そうですか、ぜひ_行き_たいです。何時ごろ_行きましょうか_。

鈴木 ： 六時ごろは　_どうですか____。

さとう： ええ、いいですよ。どこ　_で 会いましょうか_____。

鈴木 ： そうですね、じゃあ、しぶやえきのまえで　_会いましょう_____。

さとう： 分かりました。　私、インターネットでチケットを買いますよ。
　　　　何まい_買います_____か。

鈴木 ： じゃあ、三まい買って_くださいます_____か。おねがいします。

さとう： 分かりました。じゃあ、土曜日の　六時に、しぶやえきで
　　　　_会いましょう_____。

III. Using question word + か + (particle) + affirmative and question word + (particle) + も + negative

Complete each of the following dialogues, using either question word + (particle), question word + か + (particle), or question word + (particle) + も.

1. A: 田中さん、今日のあさ、_____ 食べましたか。

   B: いいえ、あさはあまり時間がないから、_____ 食べないんですよ。

   A: じゃあ、今から _____ 食べませんか。

   B: いいですよ。じゃあ、ピザはどうですか。

   A: いいですね。そうしましょう。

2. A: 高木さん、土曜日にへやにいませんでしたね。

   _____ 行きましたか。

   B: ええ、えきのちかくのデパートに行きましたよ。

   A: そうですか。_____ 買いましたか。

   B: いいえ、ざんねんでしたが、_____ 買いませんでした。

3. A: 昨日のばん、_____ うちに来ましたか。

   B: はい、田中さんが来ましたよ。

4. スミス: 山田さん、_____ 私のねこを見ましたか。

   山田: いいえ、_____ いませんでしたよ。

   鈴木: あ、ぼく、さっき (a little while ago) 見ましたよ。

   スミス: そうですか? _____ 見ましたか。

   鈴木: あそこのつくえの下にいましたよ。

5. ブラウン: さとうさんは _____ 日本に帰るんですか。

   さとう: ふゆ休み (winter break) に帰ります。

   ブラウン: いいですね。

   さとう: ブラウンさんも _____ 日本に来て下さいね。

6. 大川：田中さんはよくメールを書きますか。

田中：そうですね、ときどき書きますよ。

大川：昨日(きのう)も ＿＿＿＿＿＿＿＿＿ 書(か)きましたか。

田中：いいえ、メールは ＿＿＿＿＿＿＿ 書(か)きませんでしたが、
りょうしんにはでんわをかけましたよ。大川さんは？

大川：私は昨日(きのう)はしゅくだいがたくさんありましたから、
＿＿＿＿＿＿＿ 話(はな)しませんでした。

IV. Giving reasons using から; expressing opposition or hesitation using けど

A. Complete the following chart.

Adjective/Verb/Copula verb	Affirmative + ので	Affirmative + から	Negative + ので	Negative + から
あたたかい				
ゆうめい				
いい				
すっぱい				
きらい				
和食 わしょく				
買います か				
休みます				
見せます み				

B. Write a statement that combines the two sentences, using either から or けど, whichever is appropriate. You must decide which of the two sentences should come first.

■ Example　テストがありません。今晩べんきょうします。
　　　　　テストはないけど、今晩べんきょうします。

1. 私は八時に起きます。ルームメートは六時に起きます。

_____

2. イタリアりょうりを作りました。友達がうちに来ます。

_____

3. 今晩えいがを見ます。明日テストがあります。

_____

4. このフライドチキンはちょっとしょっぱいです。食べませんか。

_____

5. いぬが大好きです。今はほしくありません。

_____

6. 食べたくありません。ケーキはカロリーが高いです。

_____

7. おさけが飲みたいです。くるまで帰ります。コーラにします。

_____

8. 学生です。しごとがあります。毎日大学に行かないんです。

_____

C. Write your answer to each of the following questions, using 〜から.

1. 今週末、どこかに行きますか。

_____

2. よくハンバーガーを食べますか。

_____

3. 今晩、だれかと出かけますか。

_____

4. インドりょうりが好きですか。

_____

V. Making inferences based on direct observation using verb and adjective stems + そうだ

A. Complete the following chart.

Adjective/ Verb	Affirmative + そう	Negative + そう	Affirmative +そう + Noun
おいしい	おいしそう	おいしくなさそう おいしそうじゃない	<u>おいしそうな</u>　クッキー
げんき			_____ 人
やわらかい			_____ ステーキ
いい			_____ しごと
つめたい			_____ 水
たいへん			_____ じゅぎょう
おもしろい			_____ えいが
寝る ね			きょうしつで_____ 学生
買う か			高いふくを_____ 人

B. Describe the following pictures, using 〜そう.

1 **2** **3**

4 **5** **6**

1. この人は_____

2. この人は_____

3. テストは_____

4. この人は_____

5. この人は_____

6. _____ くるまですね。

そうごうれんしゅう Integration

A. Complete the following dialogue.

A: 田中さん、今度の週末、_____ 行きますか。

B: いいえ、_____ 行きませんよ。うちにいますけど。

A: そうですか。土曜日は鈴木さんの誕生日なんです _____、

　　一緒にパーティを _____ か。

B: それはいいですね。でも、どこで _____ か。

A: 大学のちかくに新しいイタリアりょうりのレストランが _____ んですよ。
　　これ、メニューなんです _____、見て下さい。どうですか。

B: このパスタとピザ、とても _____(tasty) そうですね。それに、
　　あまり高く _____ そうですね。なまえは何ですか。

A: アントニオです。

B: _____(nice) そうな店ですね。

　　じゃあ、ばしょ (place) は　アントニオに _____ か。

A: ええ、そうしましょう。

B: 何時ごろ、会いましょうか。

A: ぼく、六時半までちょっとようじがある _____、七時ごろは
　　_____。

B: いいですよ。パーティにはだれを _____ か。

A: そうですね、鈴木さんと、中村さんと、ブラウンさんをよびませんか。

B: いいですね。

A: ぼく、鈴木さんに電話します。それから、レストランに電話 _____
　　_____、よやくしますね (to make a reservation)。

B: おねがいします。

A: 田中さん、すみません _____、中村さんとブラウンさんに
　　メールを _____ か。

B: いいですよ。じゃあ、土曜日の七時にアントニオで _____。

B. Read the following e-mail message and answer each question in Japanese.

ファイル(F)　編集(E)　書式(O)　送受信(S)　ヘルプ(H)

送信者:　大木　ゆみこ
宛先:　サラ　ジョーンズ
Cc:
件名:　田中さんの誕生日パーティー

サラさん、
こんにちは〜!　ゆみこです。しばらく会ってないけど、げんき?
私は毎日いそがしいけど、げんきでやってます。大学のじゅぎょうはどう?

ところで、来週の金曜日は田中さんの誕生日なんです。それで、みんな
でパーティをするんだけど、もしひまだったら来ませんか。はじめ、
レストランでしたかったんだけど、高くてお金がかかるから、私のアパート
にしました。あまりひろくないけど、たのしそうでしょう? みんな、六時
ごろ来るとおもいます。お金はいりませんけど、何か食べものを
作って、もって来てくれませんか。飲みものでもオッケーです。
来られるかどうか、メール下さい。待ってます!!

ゆみこ

お金 = money

1. このメールはだれが、だれに書きましたか。

_____

2. どうしてメールを書きましたか。

_____

3. パーティはレストランでしますか。どうしてですか。

_____

4. パーティでお金をはらいますか (to pay)。

_____

C. Write an e-mail to your friend, 大山ひろみさん, inviting her to do something this weekend. Details can be decided on your own.

ファイル(F)　　編集(E)　　書式(O)　　送受信(S)　　ヘルプ(H)

送信者: _____

宛先: 大山　ひろみ

Cc: _____

件名: _____

かくれんしゅう **Writing Practice**

A. Look at the chart on pages b-127–b-129 of your textbook and write each **kanji** ten times using the handwritten style.

行
来
帰
食
飲
見
聞
読
書
話
出
会
買
起
寝

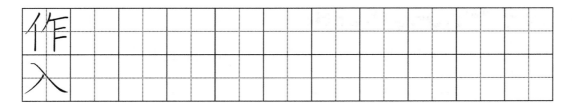

B. Rewrite each sentence using **kanji, hiragana,** and **katakana.**

1. きょうは　しちじに　おきて、とーすとを　たべて、おれんじじゅーすを
のみました。

_____

2. ともだちが　くるから、すーぱーで　かいものをして、いたりありょうりを
つくりました。

_____

3. らいしゅう、いっしょに　にほんのえいがを　みにいきませんか。

_____

4. うちにかえって、ほんを　よみました。それから、めーるをかいて、
ねました。おふろには　はいりませんでした。

_____

5. うえださんと　あって、ふるいきっさてんで　にじかんぐらい
はなしました。

_____

6. にほんの　おんがくを　きくのが　すきです。

_____

ラボの　れんしゅう Lab Activities

Part 1: Vocabulary

Please turn to the vocabulary list on pages b-92–b-94 of your textbook and repeat each word or phrase you hear.

Part 2: Speaking and Listening Comprehension Activities

I.　Indicating choices using 〜にします; making requests using 〜をおねがいします

A.　Listen to each of the following conversations and write the item(s) that each person orders.

■　You hear:　A:　何にしましょうか。

　　　　　　　B:　ええと、私はラーメンにします。

　　　　　　　A:　いいですね。でも、ぼくはうどんにします。

You write: <u>ラーメン／うどん</u>

1. <u>てんぷら</u>　　　／<u>てんぷら</u>

2. <u>ピザ</u>　　　　　／<u>ハンバーガー</u>

3. <u>カレーライス</u>　／<u>ちゃはあ</u>

4. <u>スープとサンドイッチ</u>／<u>スパゲティとサラダ</u>

5. <u>そば</u>　　　　　／<u>さけ</u>

B. Listen to each of the following conversations. Write each item and quantity ordered.

■   You hear: (*ring ring . . .*)

A: はい、えちごやです。毎度どうも。

B: あのう、ジョンソンですが、そばを一つとうどんを二つ
   おねがいします。

A: はい、わかりました。どうもありがとうございます。

B: よろしく。

You write: <u>そば　１　うどん　２</u>

1. <u>ちゃは 3　ラーメん 4</u>

2. <u>スープとカレーラス1　ランチ　1　ビール 2</u>

3. <u>てんぷら 2　さしみ 2</u>

II. Eliciting and making proposals using ～ましょうか and ～ましょう

A. Listen to the following questions and cues and answer each question orally, using verb ましょう. You will then hear the correct answer. Repeat the answer.

■ You hear: どこに行きましょうか。／としょかん

You say: としょかんに行きましょう。

You hear: としょかんに行きましょう。

You repeat: としょかんに行きましょう。

B. Listen to each of the following conversations to grasp what the speakers are going to do and where they will do the activities being discussed. Write a statement for each activity and location. Stop the audio as necessary.

■ You hear: A: 週末に山田さんの誕生日パーティをしたいんですが、どこがいいでしょうね。

B: 木村さんのうちはどうですか。大きいですよ。

A: ええ、いいですけど、ちょっととおいですよね。

B: そうですね。じゃ、私のうちにしませんか。

A: 鈴木さん、本当にいいんですか。

B: ええ、いいですよ。うちにしましょう。

A: じゃ、鈴木さんのうちでおねがいします。

B: わかりました。

You write: 鈴木さんのうちで山田さんの誕生日のパーティをします。

1. _Meet at Italian resturaunt_

2. _study in school library lounge_

3. _Golfing Saturday at college course_

III. Using question word + か + (particle) + affirmative and question word + (particle) + も + negative

A. Listen to each of the following cues and ask a yes/no question; using the particle か. You will then hear the correct question. Repeat each question.

■ You hear:　　今日のあさ／何／食べました

　　You say:　　今日のあさ何か食べましたか。

　　You hear:　　今日のあさ何か食べましたか。

　　You repeat:　今日のあさ何か食べましたか。

B. Listen to each of the following questions and answer each question first orally then in writing. Use question word + (particle) + も if appropriate.

■ You hear:　　　　　今日のあさ何か食べましたか。

　　You say and write:　はい、（シリアルを）食べました。

　　　　　　　　　　　or いいえ、何も食べませんでした。

1. _____

2. _____

3. _____

4. _____

5. _____

6. _____

IV. Giving reasons using から ; expressing opposition or hesitation using けど

Listen to each of the following short conversations. After each conversation, fill in the blank to complete each statement, using either から or けど, whichever is appropriate. Stop the audio as necessary.

■ You hear:　A:　今から何をしますか。

　　　　　　　B:　明日テストがあるから、うちでべんきょうします。
　　　　　　　　　あした

You see:　_____、うちで
べんきょうします。

You write:　<u>あしたテストがありますから、</u>

1. _____、今晩日本の友達
　　　　　　　　　　　　　　　　　　　　　　　　　　　ばん　　　　だち
に 電話をかけます。
　　でんわ

2. _____、昨日そうじを
　　　　　　　　　　　　　　　　　　　　　　　　　　　きのう
しました。

3. _____、新しいくつを
買いました。
か

4. りょうしんのうちに _____、
いぬはいません。

5. _____、高いカメラを
買いました。
か

V. Making inferences based on direct observation using verb and adjective stems + そうだ

A. Add そうです to the sentences you hear. You will then hear the correct answer. Write the answer.

■   You hear: このケーキ／あまい

    You say: このケーキはあまそうです。

    You hear: このケーキはあまそうです。

    You write: <u>このケーキはあまそうです。</u>

1. _____

2. _____

3. _____

4. _____

5. _____

B. Answer each question based on the picture. Use a verb or adjective stem + そうだ. You will then hear the correct answer. Write the answer.

Example　　　　　　　**1**　　　　　　　**2**

3　　　　　　　**4**　　　　　　　**5**

■　You hear:　ひまそうですか。

　　You say:　　いいえ、いそがしそうです。

　　You hear:　　いいえ、いそがしそうです。

　　You write:　<u>いいえ、いそがしそうです。</u>

1. _____

2. _____

3. _____

4. _____

5. _____

Part 3: Dict-a-Conversation

You (Smith) have been studying with Yamamoto-san all morning. It is now noon, and you are both getting hungry.

山本： _____

スミス： _____

山本： _____

スミス： _____

山本： _____

（レストランで）

ウェイトレス： _____

山本： _____

スミス： _____

山本： _____

Chapter 10
だい十か
My family
私の家族
か ぞ く

Workbook Activities

単語のれんしゅう　**Vocabulary Practice**
たん

A. Look at the family tree below. You are Mr. Kenichi Suzuki. Complete the following sentences.

私（＝鈴木けんいち）の家族
すず　　　　　　　　　　かぞく

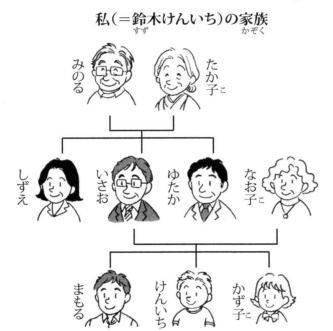

■ Example　いさおは<u>私の父</u>です。
　　　　　　　　　　ちち

1. まもるは _____。

2. なお子は _____。
　　　こ

3. _____ 私のそぼです。

4. かず子は _____。
　　　こ

5. みのるは _____。

6. _____ 私のおばです。

B. Look at the family tree of Ms. Keiko Oki. Complete the following sentences.

大木けい子さんのご家族

■ Example　大木じゅん子さんはけい子さんの 妹 さんです。

1. 大木ひろしさんは _____。

2. 大木まさ子さんは _____。

3. _____ けい子さんのお 姉 さんです。

4. _____ けい子さんの 弟 さんです。

5. 大木さゆりさんとひろ子さんは _____。

6. _____ けい子さんのおばあさんです。

C. Write your answer to each of the following questions in Japanese.

1. ～さん (*you*) はせが高いですか、ひくいですか。

_____。

2. ～さんのお母さんはかおがまるいですか。
       かあ

_____。

3. ～さんのお父さんはスポーツが上手ですか。
       とう   じょうず

_____。

4. ～さんのご両親は今どこにすんでいますか。
       りょうしん

_____。

5. しょうらい (*in the future*) どんなところにつとめたいですか。

_____。

D. Write your answer to each of the following questions, using the て-form and the cues in parentheses.

■ Example   ～さん (*you*) のおじいさんはどんな方ですか。
                                                      かた
             (physical appearance/personality)
             <u>せが高くてやさしいです。</u>

1. ～さん (*you*) の一番いい友達はどんな人ですか。 (nationality/personality)
                        だち

_____。

2. ～さん (*you*) のお父さんはどんな人ですか。 (occupation/skills)
                      とう

_____。

3. どんな人が好きですか。 (physical appearance/personality)

_____。

E. Write your answer to each of the following questions.

1. 日本語のクラスに学生が何人ぐらいいますか。

    _____。

2. 大学に学生が何人ぐらいいますか。

    _____。

3. 〜さん (*you*) は今何さいですか。

    _____。

4. ご両親／ご兄弟はおいくつですか。
    りょうしん　　きょうだい

    _____。

I. Stating the order within a family using 番（目）

A. Look again at the family tree of Keiko Oki on page 94. Answer the following questions in Japanese.

1. 大木けい子さんはご兄弟が何人いますか。

_____。

2. けい子さんは何番目ですか。

_____。

3. 大木ひろしさんは何番目ですか。

_____。

4. さゆりさんはご兄弟が何人いますか。

_____。

5. さゆりさんは何番目ですか。

_____。

B. Answer the following questions in Japanese.

1. ～さん (*you*) のご家族は何人家族ですか。

_____。

2. ご兄弟が何人いますか。～さんは何番目ですか。

_____。

II. Describing a resultant state, using verb て -form + いる

A. First look at the pictures below. Then complete each of the following sentences. Note that
会社 means a *company*.
かいしゃ

マクニール
イギリス人
コンピュータの会社
かいしゃ

フランソワ
フランス人
モデル

スコット
アメリカ人
大学生

ルチアーノ
イタリア人
くつの会社
かいしゃ

コール
ドイツ人
大学院生
いん

ジョーンズ
オーストラリア人
大学の先生

チャン
中国人
ちゅうごく
大学生

キム
かんこく人
くるまの会社
かいしゃ

■ Example　マクニールさんはスーツを<u>きています</u>。　キムさん<u>も</u>きています。
　　　　　　フランソワさんはネックレス<u>を</u>しています。　大きい<u>ベルトも</u>しています。

1. スコットさんはジーンズ_____。

　　でも、ジョーンズさんは _____。

2. マクニールさんはめがね _____

　　が、ルチアーノさんは _____。

3. チャンさんはスカート _____

　　が、フランソワさんは _____。

4. フランソワさんはぼうし _____。

そして、めがね _____。

5. コールさんはめがね _____。

スコットさん _____。

6. マクニールさんはコンピュータの会社(かいしゃ) _____ が、

スコットさんは会社(かいしゃ) _____。

7. スコットさんはふとっていますが、コールさん _____。

B. Your friend is meeting the people listed below in a hotel lobby for the first time. Give your friend a description, in writing, of each person in terms of clothing and physical appearance. Use the て-form to link phrases.

■ Example　マクニール

マクニールさんはスーツをきていて、ネクタイをしています。

せがあまり高くなくて、めがねをかけています。

1. コールさん

_____

_____

_____

2. ジョーンズさん

_____

_____

_____

3. フランソワさん

_____

_____

_____

III. Describing physical appearance and skills using 〜は〜が

A. Look again at the illustrations on page 99. Fill in the parentheses with the appropriate **hiragana.** Fill in the blanks with the appropriate adjective or verb.

■ Example　チャンさん（は）かみ（が）あまり<u>ながくありません。</u>

1. ジョーンズさん（　　）かみ（　　）とても _____。

2. チャンさん（　　）口（　　）_____。
　　　　　　　　　　 <small>くち</small>

3. コールさん（　　）せ（　　）とても _____。

　　スコットさん（　　）せ（　　）_____。

4. ルチアーノさん（　　）かみ（　　）あまり _____

　　_____。

5. コールさん（　　）かお（　　）_____。

6. フランソワさん（　　）フランス人（　　）から、フランス語（　　）

　　_____ そうです。

B. Now write a sentence comparing each of the following pairs of people illustrated on page 99 in terms of the feature in parentheses.

■ Example　スコット／コール（せ）
　　　　　スコットさんもコールさんもせが高いです。

　　　　　ジョーンズ／チャン（かみ）
　　　　　ジョーンズさんの方がチャンさんよりかみがながいです。

1. コール／ルチアーノ（せ）

_____。

2. フランソワ／ジョーンズ（かみ）

_____。

3. スコット／キム（口）
　　　　　　　　　くち

_____。

4. マクニール／ルチアーノ（かみ）

_____。

5. スコット／チャン（目）
　　　　　　　　　め

_____。

C. Complete the following sentences in Japanese, describing a close friend in terms of physical features, personality, skills, and/or clothing.

私の一番いい友達は _____ さんです。_____ さんは、せ
　　　　　だち

_____、かみ _____、かお _____。

_____ のがとても上手で、_____
　　　　　　　　　　　　　じょうず

語 ___ 分かります。_____ さんは、_____

_____。

IV. Describing people and things using nouns and modifying clauses

A. Look at the illustrations below. Write your answer to each of the following questions, using noun modifiers.

さとう
日本人

リン
たいわん人

クラーク
カナダ人

スミス
アメリカ人

■ Example　さとうさんはどの人ですか。
　　　　　<u>スーツをきている日本人の男の人です。</u>
　　　　　　　　　　　　　　　　おとこ

1. スミスさんはどの人ですか。

_____。

2. リンさんはどの人ですか。

_____。

3. クラークさんはどの人ですか。

_____。

4. ネクタイをしている人はだれですか。

_____。

5. ぼうしをかぶっている人はスミスさんですか。

_____。

6. さとうさんはショーツ (shorts) をはいている人ですか。

_____。

B. Draw a picture of your family and write a description of each member, using nouns and modifying clauses. Use the form to describe the nouns.

■ Example　このせがひくくて、すこしふとっている人は私の父です。

V. Expressing opinions using 〜とおもう

Complete each of the following sentences, using 〜とおもいます.

■ Example　この本は<u>とてもむずかしいから、おもしろくないとおもいます。</u>

1. 日本語のじゅぎょうは _____。

2. 日本人は _____。

3. 私の大学は _____。

4. 和食の中で、_____。
　　わしょく

5. 両親は _____。
　　りょうしん

6. 今度の休みに _____ たいとおもいます。
　　こんど

7. スミスさんはよく本を読むから、_____。

8. ブラウンさんはとてもいそがしそう _____ 、今晩のパーティ
　　　　　　　　　　　　　　　　　　　　　　　　　　　　　ばん
_____。

そうごうれんしゅう Integration

A. Tom and Hiroshi are talking about the snapshot of Tom's family below. Fill in the blanks with the appropriate words.

ひろし： あっ、トムさん、それは旅行の時のしゃしんですか。ちょっと
　　　　りょこう
　　　　見せて _____ か。

トム： ええ、どうぞ。去年 (last year) フロリダ _____。
　　　　きょねん

ひろし： そうですか。とても大きいさかなですね。この男の人は _____ か。

トム： それは私の父です。父はつりをするのが _____、この日も
　　　　たくさんとりました。

ひろし： そうですか。よかったですね。じゃあ、このぼうし _____
　　　　人はトムさんのお母さんですか。

トム： ええ、母はうみ (ocean) でたいていぼうし
　　　　_____。そして、サングラスも
　　　　_____ んです。

ひろし： そうですか。この男の子は？

トム： 弟のボブです。ボブはげんき _____ とてもいい子 _____、
　　　　　　　　　　　　　　　　　　　　　　　　　　　　こ
　　　　べんきょう ____ あまり好き _____ んですよ。

ひろし： でも、かお _____、目 _____、とてもかわいい
　　　　ですね。

トム： そうかなあ。

B. Read the passage about 大山さんの家族 and answer the questions that follow.

　私の家族は四人家族です。今、両親と弟は名古屋に住んでいますが、私は京都大学の学生なので、一人でアパートに住んでいます。両親の家は新しくて立派な家です。私は毎月 そこ に帰ります。父は銀行につとめていて、週末はよくゴルフに出かけます。背は高いけど、ちょっと太っていますから、ダイエットをした方がいいと思います。母は父よりずっと背が低くて、やせています。めがねをかけていて、スカートをはいています。母はどこにもつとめていませんが、家でいろいろな仕事をしていて、いつも忙しそうです。料理をするのがとても上手だから、私は母の作る料理が大好きです。本当は毎日食べたいんですが、今は京都に住んでいるので食べられません (*cannot eat*)。とても残念です。弟は私より三つ下で、十八歳です。スポーツが好きな 大学生 で、専攻はビジネスですが、あまりいい学生じゃないと思います。性格は明るくてたくさん友達がいますけど、あまり勉強しないんです。勉強より友達と遊ぶ方が好きそうです。

1. What does そこ refer to?

　そこ =

2. Both 家 and 大学生 are nouns that are modified by preceding clauses. Underline each modifying clause in the passage.

3. ○ X をつけなさい (*put*)。(○ =True, X=False)

（　）大山さんのご両親の家は古いです。

（　）お父さんもお母さんも会社につとめています。

（　）お父さんの方がお母さんよりせが高いです。

（　）お母さんはいつもひまそうです。

（　）大山さんは、毎日お母さんの作る料理を食べたがっています。

（　）大山さんは今二十一さいです。

（　）大山さんの弟さんはよく勉強する学生です。

かくれんしゅう **Writing Practice**

A. Look at the chart on pages b-168–b-170 of your textbook and write each **kanji** ten times using the handwritten style.

男
女
目
口
耳
足
手
父
母
姉
兄
妹
弟
家
族

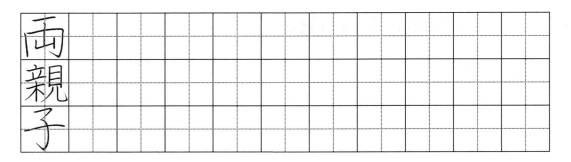

B. Rewrite each sentence using **kanji**, **hiragana**, and **katakana**.

1. おがわさんは　ごにんかぞくです。ごりょうしんは　にゅーよーくに
すんでいます。

_____

2. わたしのいもうとは　あしがながいです。そして、ばすけっとぼーるが
じょうずです。

_____

3. あにのうちには　みみがおおきいいぬが　います。

_____

4. あのせがたかくて　めがおおきいおとこのひとは、ほんださんです。

_____

5. わたしは　あねがふたりと　おとうとがひとりいます。

_____

6. ちちは　にじゅうねん、にほんのかいしゃに　つとめています。

_____

7. きれいなどれすをきているおんなのひとは　かわぐちさんの
おかあさんです。

_____

ラボのれんしゅう **Lab Activities**

Part 1: Vocabulary

Please turn to the vocabulary list on pages b-134–b-137 of your textbook and repeat each word or phrase you hear.

Part 2: Vocabulary Practice

A. Look at the two family trees below. You will hear a letter between A and T. Say the kinship term that corresponds to the letter. You will then hear the correct response. Repeat each response.

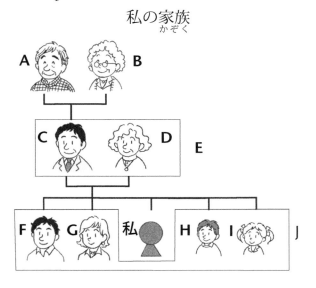

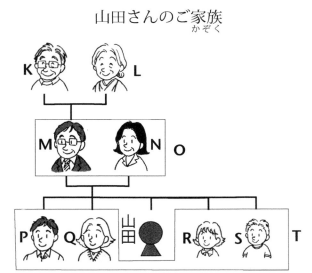

■ You hear: I

　　You say:　 妹
　　　　　　　いもうと

　　You hear:　妹
　　　　　　　いもうと

　　You say:　 妹
　　　　　　　いもうと

Part 3: Speaking and Listening Comprehension

I. Stating the order within a family using 番 (目)

A. Look again at Yamada-san's family tree in Part 2. Answer each question in Japanese, first orally then in writing. Stop the audio as necessary.

■ You hear: Q さんは何番目ですか。

You say and write: <u>上から二番目です。</u>

1. _____

2. _____

3. _____

4. _____

II. Describing a resultant state, using verb て -form + いる

A. Look at the drawings and listen to each of the following statements. If the statement is true, circle はい ; if it is false, circle いいえ . Note that 会社 means a company.
かいしゃ

マクニール
イギリス人
コンピュータの会社
かいしゃ

フランソワ
フランス人
モデル

スコット
アメリカ人
大学生

ルチアーノ
イタリア人
くつの会社
かいしゃ

コール
ドイツ人

大学院生
いん

ジョーンズ
オーストラリア人

大学の先生

チャン
中国人
ちゅうごく
大学生

キム
かんこく人

くるまの会社
かいしゃ

■　You hear: マクニールさんはスーツをきています。

You circle: (はい) because Mr. McNeil is wearing a suit.

1. はい　　　いいえ

2. はい　　　いいえ

3. はい　　　いいえ

4. はい　　　いいえ

5. はい　　　いいえ

6. はい　　　いいえ

B. Look again at the drawings in A. Listen to each of the following cues and respond orally based on the cue and the drawings. You will then hear the correct response. Repeat and write the response. Stop the audio as necessary.

■ You hear: ルチアーノさん／めがね

   You say: ルチアーノさんはめがねをかけていません。

   You hear: ルチアーノさんはめがねをかけていません。

   You repeat and write: <u>ルチアーノさんはめがねをかけていません。</u>

1. _____

2. _____

3. _____

4. _____

5. _____

6. _____

III. Describing physical appearance and skills using 〜は〜が

A. Look again at the drawings in II.A. Listen to each of the following statements. If the statement is true, circle はい; if it is false, circle いいえ.

■ You hear: スコットさんはせが高いです。

You circle: (はい) because Scott is tall.

1. はい　　　　いいえ

2. はい　　　　いいえ

3. はい　　　　いいえ

4. はい　　　　いいえ

5. はい　　　　いいえ

6. はい　　　　いいえ

B. Look again at the drawings in II.A. Listen to each of the following cues and describe the person based on the cue. You will then hear the correct response. First repeat then write each response. Stop the audio as necessary.

■ You hear:　　　　　　コールさん／かみ

You say:　　　　　　コールさんはかみがみじかいです。

You hear:　　　　　　コールさんはかみがみじかいです。

You repeat and write: <u>コールさんはかみがみじかいです。</u>

1. _____

2. _____

3. _____

4. _____

5. _____

6. _____

C. Look again at the drawings in II.A. Listen to each of the following three descriptions and write the name of the person being described. Stop the audio as necessary.

■ You hear: この人はやせていて、せが高くて、かおがほそながいです。

そして、イヤリングとベルトをしています。

You write: <u>フランソワさん</u>

1. _____

2. _____

3. _____

IV. Describing people and things using nouns and modifying clauses

A. Listen to the following statements about the people pictured in II.A. Decide who is being described and write an appropriate sentence. Stop the audio as necessary.

■ You hear: ネクタイをしている人はだれですか。

    You write: <u>マクニールさんとキムさんです。</u>

1. _____

2. _____

3. _____

4. _____

5. _____

6. _____

B. Look one more time at the drawings in II.A and listen to the following names. Describe first orally then in writing the people named, in terms of physical appearance, clothes, or possible skills and occupations, using nouns and modifier clauses. Stop the audio as necessary.

■ You hear: チャンさんとキムさん

    You say and write: <u>目が小さい人</u>
             め

1. _____

2. _____

3. _____

4. _____

5. _____

V. Expressing opinions using 〜とおもう

A. Listen to the statements or questions and transform them using 〜とおもいます. Then write the correct answer after you hear it.

■ You hear:　だれが来ますか。

　　You say:　　だれが来るとおもいますか。

　　You hear:　だれが来るとおもいますか。

　　You write:　だれが来るとおもいますか。

1. _____

2. _____

3. _____

4. _____

5. _____

6. _____

7. _____

8. _____

B. Answer the following questions, then write your answers using 〜おもう.

■ You hear:　　　　この本をどうおもいますか。

　　You say and write:　むずかしいとおもいます。

1. _____

2. _____

3. _____

4. _____

5. _____

Part 4: Dict-a-Conversation

You, Smith, are an American student living in Japan. Your friend is asking you about your family.

友達_{だち}： _____

スミス： _____

友達_{だち}： _____

スミス： _____

友達_{だち}： _____

スミス： _____

友達_{だち}： _____

スミス： _____

友達_{だち}： _____

Chapter 11
だい十一か

Seasons and Weather

きせつと天気
てん き

Workbook Activities

単語のれんしゅう **Vocabulary Practice**
たん

A. Describe each of the weather symbols in Japanese.

1   2   3   4

1. _____

2. _____

3. _____

4. _____

B. Answer the following questions in Japanese.

1. おきなわと東京とどちらの方があたたかいですか。

_____

2. 今、ニューヨークはどんな天気だとおもいますか。

_____

3. 東京ではふゆにたくさん雪がふるとおもいますか

_____

4. 今、何月ですか。

_____

5. 今、気温は何度ぐらいですか。

_____

6. アメリカの南にどんなくに (country) がありますか。

_____

7. ロサンゼルスはどこにありますか。 (Use the appropriate direction word)

_____

I. Expressing ongoing actions and repeated actions using the て -form of verbs + いる

A. Look at the following drawing and describe what they are doing.

■ Example　<u>Aさんはテレビを見ています。</u>

1. B さんは _____

2. C さんは _____

3. E さんは _____

4. G さんは _____

5. I さんは _____

6. J さんは _____

7. K さんは _____

8. L さんは _____

9. P さんは _____

10. R さんは _____

B. Answer the following questions in Japanese.

1. 今、何をしていますか。

   _____

2. 昨日のごご十時半ごろ何をしていましたか。
   きのう

   _____

3. 今、（～さんの）お父さん／お母さんは何をしているとおもいますか。

   _____

4. さいきん、よくうんどうをしていますか。

   _____

5. 今、めがねをかけていますか。

   _____

6. 今、そとは雨がふっていますか。
   あめ

   _____

II. Plain past forms and casual speech

A. Complete the following chart.

Plain Present Affirmative (dictionary form)	Plain Present Negative Form	Plain Past Affirmative Form	Plain Past Negative Form
起きる	起きない	起きた	起きなかった
する	しない	した	しなかった
食べる	食べない	食べた	食べなかった
飲む	飲まない	飲んだ	飲まなかった
行く	行かない	行った	行かなかった
見る	見ない	見た	見なかった
くる	こない	きた	こなかった
聞く	聞かない	聞いた	聞かなかった
およぐ	およがない	およいだ	およがなかった
作る	作らない	作った	作らなかった
ある	ない	あった	なかった
上がる	上がらない	上がった	上がらなかった
つづく	つづかない	つづいた	つづかなかった
ふる	ふらない	ふった	ふらなかった
ふく	ふかない	ふいた	ふかなかった

B. Complete the following chart.

Plain Present Affirmative Form	Plain Present Negative Form	Plain Past Affirmative Form	Plain Past Negative Form
しろい	しろくない	しろかった	しろくなかった
冷たい つめ	冷たくない	冷たかった	冷たくなかった
晴れ は	晴れじゃないです	晴れでした	晴れじゃなかったです
きれい	きれいじゃないです	きれいでした	きれいじゃなかったです
いい	よくない	よかった	よくなかった
上手	上手じゃないです	上手でした	上手じゃなかったです
あたたかい	あたたかくない	あたたかかった	あたたかくなかった
いや	いやじゃないです	いやでした	いやじゃなかったです

C. Write your answer to each of the following questions, using ～んです for reasons.

■ Example　高校の時 (when)、よく何をしましたか。どうしてですか。
　　　　　よく山に行きました。キャンプをするのが好きだったんです。

1. 高校の時、どんな外国語 (foreign language) をべんきょうしましたか。
どうしてですか。

　よくクラスでスパ語を勉強した。スパ語を話すのが好きだったんです

2. どうしてこの大学に来たんですか。

　私の学位をかんせいしてたいんです。

3. 子供の時、よく何をしましたか。どうしてですか。

　よくゲームをした。ゲームをするのが好きだったんです。

4. 子供の時、何をするのがきらいでしたか。どうしてですか。

　よく宿題をする。宿題は詰らなかったんです。

5. どうして日本語をべんきょうしているんですか。

　日本語は楽しいんです。

D. Complete the following sentences using plain past forms.

1. 去年のふゆは _____ おもいます。
きょねん

2. 先週の日本語のテストは _____ おもいます。

3. 昨日は天気 _____ から、出かけませんでした。
きのう てんき

4. あのレストランは _____ けど、あまりおいしくなかったんです。

5. 昨日のばんはとても _____ から、コートをきました。
きのう

6. 一昨日 (the day before yesterday) 友達と _____ カフェは、新しくて
おととい だち
よかったです。

7. 昨日大学の本屋で _____ 本は、高かったです。
きのう や

E. Change the underlined words into casual speech using plain forms. Remember the question marker か and the copula verb/na-adjective だ are omitted in questions.

1. A: 休みは<u>どうでしたか。</u>
やす

B: <u>おもしろかったですよ。</u>

友達と一緒に旅行に<u>行きました</u>よ。
だち しょ りょこう

A: それは<u>よかったですね。</u>今度旅行のしゃしんを<u>見せて下さい</u>ね。
どりょこう

2. A: 今、そとは<u>どんな天気ですか。</u>
てんき

B: とても<u>寒いですよ。</u>雪が<u>ふっていますよ。</u>
さむ ゆき

A: <u>そうですか。</u>昨日はあまり<u>寒くありませんでした</u>けど、今日は
きのう さむ
気温が<u>下がったん</u>ですね。
きおん さ

3. A: 今週、テストが<u>ありますか</u>？

B: 今週は<u>ありませんけど</u>、先週、日本語のテストが<u>ありました</u>よ。

A: <u>やさしかったですか</u>？

B: <u>いいえ</u>、とてもながくて<u>大変</u>でしたよ。
たいへん

4. A: 今週の週末、<u>ひまですか</u>。

B: <u>はい、ひまですけど</u>。

A: じゃあ、<u>一緒</u>にえいがを見に<u>行きませんか</u>。
しょ

B: <u>いいですよ</u>。

III. Describing characteristics of places, objects, and time using ～は～が

A. Fill in the blanks with appropriate words to complete the sentences using ～は～が.

■ Example　オーストラリアは人が<u>少ないです。</u>

1. ロサンゼルスは雨が _____。
_{あめ}

2. シカゴは風が _____。
_{かぜ}

3. 東京は人が _____。
_{とうきょう}

4. 八月は _____ が _____。

5. ロンドンは _____ が _____。

B. Answer each question using ～は～が.

■ Example　パリは何がゆうめいですか。
　　　　　<u>パリはエッフェルとうがゆうめいです。</u>
　　　　　　（エッフェルとう = *Eiffel Tower*）

1. ～さんのまちは何がゆうめいですか。

_____

2. ～さんが好きなレストランは何がおいしいですか。

_____

3. 日本語は何がむずかしいとおもいますか。

_____

4. 東京はどのきせつが一番いいとおもいますか。どうしてですか。
_{とうきょう}

_____

C. Describe the weather conditions in the following cities, and give other information about them. Use the following climate charts as well as your own knowledge of the cities. The stacked bars at the bottom of the charts indicate precipitation for each month, and the lines at the top of the charts show average temperature by month in Centigrade. Remember that 0 degrees Centigrade is equivalent to 32 degrees Fahrenheit.

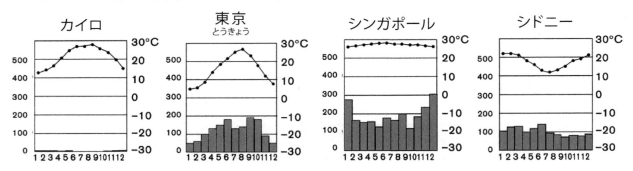

■ Example　シドニー
　　　　　　シドニーは一月が暑くて、七月が寒いです。
　　　　　　シドニーはオペラハウスがゆうめいです。

1. カイロ

_____

_____

2. 東京
　　とうきょう

_____

_____

3. シンガポール

_____

_____

IV. Expressing manner of action or outcome of a change using the adverbial forms of adjectives and noun + に

A. Fill in the blanks with the appropriate form of an adjective.

1.（としょかんで）　A: もう少し _____ 話して下さい。

　　　　　　　　　　B: はい、すみません。

2. A: あっ、時間がありませんね。_____ あるきましょう。

　 B: はい。

3. 先生： このかんじは読めない (cannot read) ので、もっと _____
　　　　 書いて下さい。

　 学生： 分かりました、すみません。

4. テニスを毎日したから、_____ なりました。

5. 山田さんは少しふとって、かおが _____ なりました。

6. コンピュータが _____ なったから、新しいのを買いました。

7. 北西から風が _____ ふいているから、今晩は雨になりそうです。

B. Answer the following questions about the town where you currently live.

■ Example 何月ごろ寒くなりますか。
　　　　<u>十月ごろ寒くなります。</u>

1. なつは何時ごろあかるくなりますか。何時ごろくらくなりますか。

_____

2. ふゆは何時ごろあかるくなりますか。何時ごろくらくなりますか。

_____

3. なつは何度ぐらいになりますか。

_____

4. ふゆは何度ぐらいになりますか。

_____

V. Expressing uncertainty using 〜でしょう, 〜かもしれない and かな

A. Look at the chart. Describe the weather for each city using 〜でしょう。

明日の 天気 あした てんき	札幌 さっぽろ	東京 とうきょう	大阪 おおさか	広島 ひろしま	那覇 な は
天気 てんき	☁ ⛄	☀ ☁	☁ ☀	☂→☀	☁→☂
気温 きおん	-2/-10° C	7/2° C	5/2° C	5/0° C	18/12° C

■ Example　おおさかは明日くもり時々晴れでしょう。
　　　　　　　あした　　　　　ときどき は
　　　　　　　気温は二度まで下がるでしょう。
　　　　　　　きおん　　ど

1. さっぽろ

_____

_____

2. 東京
　　とうきょう

_____

_____

3. ひろしま

_____

_____

4. なは

_____

_____

B. Look at the chart in A above, and complete the sentences in the dialogues using ～でしょう, そうです or かな.

■ Example　上田：なはは明日雨がふるでしょうか。

　　　　　　大川：ええ、あさはくもっているけど、ごごは雨がふりそうですよ。

1. 上田：大阪は明日どんな ＿＿＿＿＿＿＿＿＿＿＿＿＿＿＿＿＿＿。

　　　大川：あさはくもっているけど、ごごは晴れそうですよ。

2. 中本：ひろしまは明日 ＿＿＿＿＿＿＿＿＿＿＿＿＿＿＿＿＿＿＿。

　　　安田：ええ、天気よほうによると (*according to*) さいこう気温 (*highest temperature*) が五度ぐらいだから、ちょっと寒いかもしれませんね。

3. 金田：さっぽろは明日雪 ＿＿＿＿＿＿＿＿＿＿＿＿＿＿＿＿＿。

　　　古山：ええ、あさはくもりだけど、ごごは ＿＿＿＿＿＿＿ そうですよ。

4. 田中：東京は明日 ＿＿＿＿＿＿＿＿＿＿＿＿＿＿＿＿＿＿＿＿＿＿＿。

　　　山本：ううん、明日はふりそうにないよ。かさはいらないね。

C. Complete each conversational exchange based on the drawings.

1 山田

2

3

4

5 田中

6 小川

1. A: 山田さんはとても _____ そうですね。

    B: そうですね。今晩_{ばん}のパーティには _____ かもしれませんね。

2. A: あのレストランは人が _____ ねえ。

    B: ええ、きっと (*surely*) _____ んでしょうね。

3. A: あの人は日本語 _____ でしょうか。

    B: ええ、日本語の教科書_{きょうかしょ} _____ から、

    分かるかもしれませんね。

4. A: 今日は寒_{さむ}いですねえ。

    B: そうですね。くもがたくさんあるから、今晩_{ばん}は _____

    かもしれませんね。

5. A: 田中さんは _____ 上手なんですね。

    バスケットボール _____ でしょうか。

    B: ええ、たぶん _____ でしょうね。

6. A: あれ？ 小川さん、_____ そうだねえ。(ねむい = *sleepy*)

    B: しゅくだいが大変_{たいへん}で、昨日_{きのう} _____ かもしれないね。

そうごうれんしゅう **Integration**

A. Complete the sentences in the following conversation, using the extended weather forecast shown below. Use でしょう instead of です／ます form to make the questions more polite, if applicable.

	10/15 月	10/16 火	10/17 水	10/18 木	10/19 金	10/20 土	10/21 日
天気	☔	☁☔	☀	☀	☀☁	☔	☁☔
気温（℃）	10/5	15/8	20/12	25/18	18/15	15/11	14/11

今日は十月十五日の月曜日のばんです。

A: 今日は寒かったですね。

B: そうですね。雨もたくさん _____ ね。

A: そうですね。今日はかさが _____ ので、大変でした。
明日も雨が _____ か。

B: ええ、明日も _____ そうですよ。でも、あさっては _____
でしょう。気温も _____ そうです。

A: そうですか。木曜日もいい天気に _____。

B: ええ、木曜日も晴れで、とてもあたたかい _____。

A: 何度ぐらいに _____。

B: そうですね。_____ かもしれませんね。

A: いいですね。週末もいい天気でしょうか。友達とドライブ _____
たいんですよ。

B: ざんねんだけど、あまり _____ そうですよ。
金曜日は _____ けど、土曜日から雨 _____。

A: そうですか。じゃあ、ドライブよりデパート _____ 方が
よさそうですね。

B: そうですね。

B. Look at the following weather forecast and answer はい／いいえ for each statement.

明日　一月九日の天気

	ホノルル	ロサンゼルス	マイアミ	ミネアポリス	ボストン
天気	晴れ	曇りのち晴れ	雨のち曇り	晴れ時々曇り	曇り
気温　℃	29/20	18/10	27/17	4/-7	5/-2
降水確率 (probability of precipitation)	0%	10%	90%	5%	10%

（　　　）　ホノルルもマイアミも一月でもかなり (fairly) 気温が高いが、
　　　　　　ホノルルの方が少し暑そうだ。

（　　　）　今ハワイを旅行している人は、明日、かさがいるだろう。

（　　　）　天気予報によると、ボストンやミネアポリスより
　　　　　　ロサンゼルスの方がずっとあたたかそうだ。

（　　　）　マイアミで泳ぎたいと思っている人は、明日海 (ocean) に
　　　　　　行くのがいいだろう。

（　　　）　ミネアポリスでは、明日たくさん雪が降るかもしれないので、
　　　　　　ドライブは大変かもしれない。

かくれんしゅう **Writing Practice**

A. Look at the chart on pages b-217 and b-218 of your textbook and write each kanji ten times using the handwritten style.

天気雨雪風晴温度東西南北寒暑多

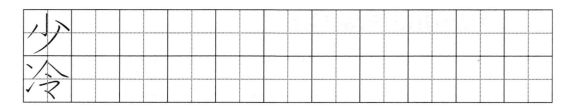

B. Rewrite each sentence using **kanji, hiragana,** and **katakana.**

1. しゅうまつのしあとるのてんきは　はれのちあめでしょう。

_____

2. きおんがあがって、すこしあつくなりました。

_____

3. ことしのふゆは　ゆきがおおくて、さむくなるかもしれません。

_____

4. いんでぃあなしゅうは　みしがんしゅうのなんせいに　あります。

_____

5. こんばん、ほくとうから　かぜが　ふくそうです。

_____

6. このかわのみずは　つめたいですね。

_____

ラボのれんしゅう **Lab Activities**

Part 1: Vocabulary

Please turn to the vocabulary list on page b-176–b-178 of your textbook and repeat each word or phrase you hear.

Part 2: Speaking and Listening Comprehension Activities

I. Expressing ongoing actions and repeated actions using the て -form of verbs + いる

A. Look at the drawing and listen to each statement. Circle はい for statements that are true and いいえ for those that are false.

■   You hear: A さんは寝ています。

       You circle: いいえ   because A is not sleeping.

   1. はい   いいえ   **5.** はい   いいえ

   2. はい   いいえ   **6.** はい   いいえ

   3. はい   いいえ   **7.** はい   いいえ

   4. はい   いいえ

B. Look again at the drawing in A. Answer each question, then write it in the space provided.

■ You hear:　だれがテレビを見ていますか。

　　You say:　　Aさんが見ています。

　　You hear:　　Aさんが見ています。

　　You write:　<u>Aさんが見ています。</u>

1. _____

2. _____

3. _____

4. _____

5. _____

6. _____

7. _____

II. Plain past forms and casual speech

A. Listen to each of the following verbs and say them in the plain past affirmative form. You will then hear the correct response.

■ You hear:　　食べる

　　You say:　　食べた

　　You hear:　　食べた

　　You repeat:　食べた

B. Listen to each of the following expressions and change them to the plain past form. You will then hear the correct response. Repeat and then write the correct response.

■ You hear:　　　　　　おもしろかったです

　　You say:　　　　　　おもしろかった

　　You hear:　　　　　　おもしろかった

　　You repeat and write:　<u>おもしろかった</u>

1. _____

2. _____

3. _____

4. _____

5. _____

6. _____

7. _____

8. _____

9. _____

10. _____

11. _____

12. _____

C. Listen to the following exchanges and complete the sentences by writing the correct reason, using 〜んです. Stop the audio as necessary.

■ You hear: A: どうして家に帰ったんですか。

B: テストのべんきょうがあったからです。

You see: 田中さんは家に帰りました。＿＿＿＿＿＿＿＿＿＿＿＿＿んです。

You write: <u>テストのべんきょうがあったんです。</u>

1. 子供の時 (*when I was a child*)、スポーツをしませんでした。

＿＿＿＿＿＿＿＿＿＿＿＿＿＿＿＿＿＿＿＿んです。

2. 昨日本屋で日本語の本を買いませんでした。

＿＿＿＿＿＿＿＿＿＿＿＿＿＿＿＿＿＿＿＿んです。

3. 去年コートを買いました。

＿＿＿＿＿＿＿＿＿＿＿＿＿＿＿＿＿＿＿＿んです。

4. 明日びょういんに行きます。

＿＿＿＿＿＿＿＿＿＿＿＿＿＿＿＿＿＿＿＿んです。

5. 先週きょうとに行きました。

＿＿＿＿＿＿＿＿＿＿＿＿＿＿＿＿＿＿＿＿んです。

III. Describing characteristics of places, objects, and time using
   ～は～が

A. Look at the following climate charts. Listen to each statement and figure out which city is being described. Use the following climate charts as well as your own knowledge of the cities. The stacked bars at the bottom of the charts indicate precipitation for each month, and the lines at the top of the charts show average temperature by month in Centigrade. Remember that 0 degrees Centigrade is equivalent to 32 degrees Fahrenheit.

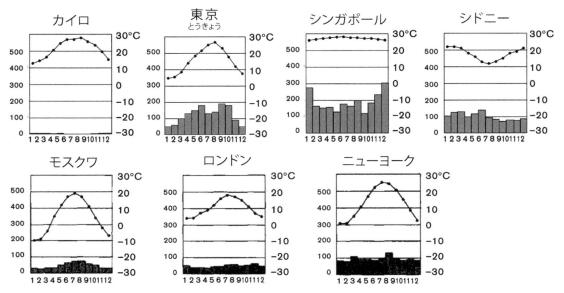

■ You hear:　このまちは雨がとても多いです。

　　You write: シンガポール

1. _____

2. _____

3. _____

4. _____

5. _____

B. Write your own answer to each of the following questions.

ことばのリスト

せかい = *world*

■ You hear: アメリカで一番雨が多いまちはどこですか。
　　　　　　　　　　　あめ　　おお

　You write: <u>シアトルだとおもいます。</u>

1. _____

2. _____

3. _____

4. _____

5. _____

IV. Expressing manner of action or outcome of a change using the adverbial forms of adjectives and noun + に

A. Say the correct adverbial form and connect it to the verb you hear. Then write it down.

■　You hear:　大きい／なる

　　You say:　　大きくなります

　　You hear:　　大きくなります

　　You write:　大きくなります

1. _____

2. _____

3. _____

4. _____

5. _____

6. _____

7. _____

B. Choose the correct drawing for each statement you hear.

A B C D E

F G H I

■ You hear: 山田さんの弟さん、ずいぶん (*fairly*) 大きくなったね。

You choose: <u>A</u>

1. _____

2. _____

3. _____

4. _____

V. Expressing uncertainty using 〜でしょう, 〜かもしれない and かな

A. Answer each question using 〜でしょう.

1. _____

2. _____

3. _____

4. _____

B. Answer each question using 〜かもしれません.

<u>ことばのリスト</u>

しょうらい = *in the future*

1. _____

2. _____

3. _____

4. _____

Part 3: Dict-a-Conversation

You, Smith, are going to school. You meet Mr. Yamada outside of your house.

山田： _____

スミス： _____

山田： _____

スミス： _____

山田： _____

スミス： _____

山田： _____

Chapter 12
だい十二か
Annual Events

年中行事
ねんじゅうぎょうじ

Workbook Activities

単語のれんしゅう　**Vocabulary Practice**
たん

A. Write the following dates in **hiragana**.

■ Example　4/10　<u>しがつ　とおか</u>

1. 1/15 _____　**6.** 9/1 _____

2. 2/3 _____　**7.** 12/8 _____

3. 3/20 _____　**8.** 8/14 _____

4. 7/6 _____　**9.** 6/2 _____

5. 10/7 _____　**10.** 4/9 _____

B. Fill in each blank with the correct date, month, and year using **hiragana**.

■ Example　今日は<u>さんがつじゅうよっかです。</u>

1. 今日は _____。

2. 昨日は _____。
きのう

3. 明日は _____。
あした

4. 私の誕生日は _____。
たんじょう

5. クリスマスは _____。

6. アメリカのどくりつ記念日 (Independence Day) は
きねん
_____。

7. 今月は _____。
こんげつ

8. 来月は _____。
   らいげつ

9. 今年は _____。
   ことし

10. 一昨年は _____。
    おととし

C. Answer the following questions in Japanese.

1. 夏休みは何か月ぐらいありますか。
   なつ　　　　　げつ

   _____

2. 冬休みは何週間ぐらいありますか。
   ふゆ

   _____

3. 去年のクリスマスの休みにどこに行きましたか。そこに何日ぐらい
   きょねん
   いましたか。

   _____

4. 一学期は何か月ありますか。
   がっき　　　　げつ

   _____

5. 先月何回ぐらいえいがを見ましたか。
   げつ　かい

   _____

6. 去年、何度ぐらい飛行機にのりましたか。
   きょねん　　　　　　　ひこうき

   _____

7. 去年の誕生日に何かもらいましたか。
   きょねん　たんじょう

   _____

8. よくけんかをしますか。だれとしますか。

   _____

I. Talking about time using noun/adjective + 時<ruby>とき</ruby>, duration+ 前<ruby>まえ</ruby>／後<ruby>ご</ruby>

A. Complete the following statements using noun/adjectives + 時.

1. _____ 時<ruby>とき</ruby>、プールでおよぎます。

2. _____ 時<ruby>とき</ruby>、友達<ruby>だち</ruby>にメールを書きます。

3. _____ 時<ruby>とき</ruby>、はじめてデートをしました。

4. _____ ない時<ruby>とき</ruby>、よく友達<ruby>だち</ruby>とえいがを見ます。

5. _____ 時<ruby>とき</ruby>、一人<ruby>ひとり</ruby>で (by oneself) なくかもしれません。

6. _____ 時<ruby>とき</ruby>、時間がないからあまり寝ないでしょう。

B. Answer the following questions in Japanese using duration + 前<ruby>まえ</ruby>／後<ruby>ご</ruby>.

1. 夏<ruby>なつ</ruby>休みは何か月後<ruby>げつご</ruby>ですか。

   _____

2. 何年前<ruby>まえ</ruby>に高校をそつぎょうしました (graduated) か。

   _____

3. いつ雨がふりましたか。

   _____

4. いつご両親の家に帰りますか。

   _____

II. Talking about past experiences using 〜たことがある; listing representative activities using 〜たり〜たりする

A. Write a sentence stating whether you have or have never done each of the following activities.

■ Example　スペインに行く
　　　　　　スペインに行ったことがあります。 or
　　　　　　スペインに行ったことがありません。

1. きものをきる

_____

2. かぶきを見る

_____

3. たくさんの人の前でうたをうたう
　　　　　　　　まえ

_____

4. ゆうえんちでジェットコースター (roller coaster) にのる

_____

5. えいがを見て、なく

_____

B. You are looking for a pen pal. Ask five questions about activities that the person may or may not have done before.

■ Example　スキーをしたことがありますか。

1. _____

2. _____

3. _____

4. _____

5. _____

C. Complete each of the following sentences, using 〜たり〜たりする.

■ Example　A: 朝たいてい何をしますか。
　　　　　　　あさ
　　　　　B: そうですね。新聞を<u>読んだり</u>ラジオを<u>聞いたり</u>します。

1. A: ひまな時、よく何をしますか。
　　　　　　とき
　B: そうですね。たいていテレビ ＿＿＿＿＿＿＿＿ 本 ＿＿＿＿＿＿＿＿＿＿
　　しますね。

2. A: 高校の時、どんなことをよくしましたか。
　　　　　とき
　B: そうですね。デート ＿＿＿＿＿＿＿ フットボールを見に ＿＿＿＿＿＿＿
　　しました。

3. A: 春休みにどこかに行きますか。
　　　はる
　B: ええ、友達の家にあそびに行きます。友達と一緒にうみで
　　　　だち　　　　　　　　　　　　　　　だち　しょ
　　＿＿＿＿＿＿＿＿＿＿＿＿ おいしいもの ＿＿＿＿＿＿＿＿＿ したいです。

4. A: 週末、どんなことをしたの？
　B: ルームメートと一緒にコーヒー ＿＿＿＿＿＿＿＿＿ カラオケで
　　　　　　　　　しょ
　　うた ＿＿＿＿＿＿＿＿＿ したんだ。たのしかったよ。

5. 学生：田中先生は冬休みにもしごとがたくさんありますか。
　　　　　　　　　ふゆ
　先生：ええ、テスト ＿＿＿＿＿＿＿＿ レポート (report)＿＿＿＿＿＿＿＿
　　　　するから、とてもいそがしいんですよ。

D. Write your answer to each of the following questions, using 〜たり〜たりする.

■ Example　小さい時_{とき}によくどんなことをしてあそびましたか。
　　　　　<u>ゲームをしたりこうえんであそんだりしました。</u>

1. 小さい時_{とき}によくどんなことをしてあそびましたか。

　　_____

2. さびしい時_{とき}に一人_{ひとり}で (*by yourself*) よく何をしますか。

　　_____

3. 冬_{ふゆ}休みに家族とどんなことをしましたか。

　　_____

4. ひまな時_{とき}、何をしたいですか。

　　_____

5. （〜さんの）日本語の先生は、今週の週末どんなことをすると思_{おも}いますか。

　　_____

III. Expressing frequency using time-span に frequency / duration / amount

Answer the following questions using 〜に〜ぐらい.

■ Example　一日に何時間ぐらいべんきょうしますか。
　　　　　　<u>一日に三時間ぐらいべんきょうします。</u>

1. 一か月に何回ぐらいパーティに行きますか。
　　　げつ　　かい

_____

2. 日本語のじゅぎょうは一週間に何時間ぐらいありますか。

_____

3. よくうんどうをしますか。どのぐらいしますか。

_____

4. よく本を読みますか。一か月に何さつぐらい読みますか。
　　　　　　　　　　げつ

_____

5. よくくだもの（りんご、オレンジ、バナナ etc）を食べますか。
　　一週間にいくつぐらい／何本ぐらい食べますか。

_____

6. 一日にどのぐらい寝たいですか。

_____

IV. Expressing hearsay using the plain form + そうだ

A. Read the following paragraph. Write sentences that report what you have read, using そうです(hearsay).

小さい時、私の家には大きいいぬがいました。なまえはポチでした。私は
ポチがとても好きでした。だから、毎日一緒にこうえんに行きました。よく
家族とドライブもしました。そして、旅行の時もポチは一緒に来ました。でも、六
年生の時にポチはしにました (died)。とてもかなしかったけど、なきませんでした。
今、両親の家にはねこがいます。なまえはタマで、とても元気です。

■ Example　この人の家には<u>大きいいぬがいたそうです。</u>

なまえは _____

この人は _____

だから、毎日一緒に _____

よく家族と _____

そして、旅行の時も _____

六年生の時に _____

とてもかなしかったけど、 _____

今、両親の家には _____

とても _____

B. Complete the following sentences with the appropriate phrases.

1. ニュースによると (according to)_____
そうです。

2. 天気予報によると _____ そうです。

3. _____ さんによると _____
そうです。

C. Complete the following sentences using either そう (hearsay) or そう (seems). Circle the one you have chosen.

1. 天気予報によると、
   よほう
   明日はいい天気に _____。(hearsay / seems)
   あした

2. 今日の日本語のしゅくだいをちょっと見たんですが、ながくて
   とても _____。(hearsay / seems)

3. 昨日テレビで見たんですが、大統領 (the President) がこのまちに
   きのう   だいとうりょう
   _____。(hearsay / seems)

4. 本田さんによると、山本さんはテストがたくさんあって、今週とても
   _____。(hearsay / seems)

5. ほし (star) がたくさんあるから、
   明日は雨が _____。(hearsay / seems)
   あした

6. 「このケーキ、私が作ったんだ。どうぞ、食べて。」
   「わあ、ありがとう。_____ ね。」(hearsay / seems)

V. Using noun modifying clauses in the past and present

A. Write a question that fits each of the following answers using noun modifying clauses.

■ Example　スミスさんは昨日その<u>レストラン</u>に行きました。
　　　　　　　きのう

　　　　　　A: 昨日<u>スミスさんが行ったレストラン</u>はどんなレストランで
　　　　　　　きのう
　　　　　　した か。

　　　　　　B: 和食のレストランです。
　　　　　　　わしょく

1. 昨日パーティーで<u>その人</u>に会いました。
　　きのう
　　A: _____ 人はどんな人でしたか。

　　B: せがとても高い人でした。

2. 子供の時、<u>それ</u>をあまり食べませんでした。
　　ども　とき
　　A: _____ ものは何ですか。

　　B: たまごです。

3. お母さんは去年<u>そのくるま</u>を買いました
　　　　　　きょねん
　　A: _____ くるまはどんなくるまですか。

　　B: トヨタのカローラです。

4. 中学の時、<u>そのおんがく</u>をよく聞きました。
　　　　とき
　　A: _____ おんがくはどんなおんがくですか。

　　B: ロックです。

5. 鈴木さんは子供の時、<u>その人</u>が好きでした。
　　すず　　　ども　とき
　　A: _____ 人はだれ？

　　B: 川口さんだよ。

6. 子供の時<u>その人</u>はやせていました。
　　ども　とき
　　A: _____ 人はだれですか。

　　B: リーさんです。

B. Write four short paragraphs comparing your childhood and adult habits regarding the topics listed, using noun modifying clauses. Try to use both affirmative and negative forms. It is not necessary to put a rectangle around each modified noun as is done in the example

■ Example 食べる／もの

私が小さい時よく食べたものはチョコレートやアイスクリームです。
あまり食べなかったものはやさいです。でも、今よく食べるものはやさいやくだものです。そして、今あまり食べないものはハンバーガーやステーキです。

1. 好き／スポーツ

_____

_____

_____

2. 行く／ところ

_____

_____

_____

3. 見る／テレビばんぐみ (program)

_____

_____

_____

4. 飲む／もの

_____

_____

_____

そうごうれんしゅう Integration

A. Read the following letter from 大木さん to 小川さん and answer the questions.

前略
ぜんりゃく

　小川さん、ごぶさたしていますが、お元気でおすごしですか。東京は毎日いい
とうきょう
天気がつづいていますが、大阪の天気はどうでしょうか。大学のじゅぎょうは
おおさか
いそがしいですか。

　先月一週間休みがとれたので、友達二人といっしょに沖縄に旅行に行って
だち　　　　　　おきなわ　りょ
きました。オフシーズンだったので、静かでとてものんびりできました。私は沖縄
しず　　　　　　　　　　　　　　　　　　おきなわ
は初めてだったんですが、友達のさとうさんは四回も行ったことがあるそうです。
はじ　　　　　　　だち　　　　　　　　かい
沖縄は九州 (Kyushu Island) の南にあるので、九州や本州 (Honshu Island) のまちより
おきなわ　しゅう　　　　　　　　　　　　　　　　　しゅう　　しゅう
ずっと気温が高いです。人がぜんぜんいないビーチでおよいだり、そこで
バーベキューをしたりしました。この旅行では時間がなくてしなかったので、今度
りょ　　　　　　　　　　　　　　　　　こんど
行く時には、ダイビングをしたいと思います。海の中にいるきれいな魚を
うみ　　　　　　　　　　　さかな
見たいんです。小川さんはダイビングをしたことがありますか。

　それでは、またメールか手紙を書きます。小川さんもどうぞお元気で。
てがみ

草々
そうそう
十一月十五日　　　　大木洋子
よう

1. 大木さんはどこに住んでいるでしょうか。
す

_____

2. 小川さんはどこに住んでいるでしょうか。
す

_____

3. What does そこ refer to?

そこ = _____

4. Underline the modifying clauses for ビーチ and 魚.
さかな

5. ○ X をつけなさい (*put*)。(○ =True, X=False)

(   ) 大木さんは一人で沖縄に行った。

(   ) 大木さんはこの旅行の前に沖縄に行ったことがある。

(   ) さとうさんはこの旅行の前に沖縄に行ったことがある。

(   ) 九州は沖縄の北にある。

(   ) ビーチにはたくさん人がいた。

(   ) 大木さんはダイビングをした。

(   ) 大木さんは十一月に沖縄に行った。

B. Write short paragraphs describing the best and/or worst trips you have ever taken.
（一番いい旅行／一番ひどい (*horrible*) 旅行）

Try to use as many of the following grammar structures as possible.

☐ 〜たり〜たり

☐ 〜たことがある

☐ 〜んです

☐ noun modifying clauses

☐ frequency expressions

☐ 〜たい／ほしい

☐ 〜ている

☐ 〜でしょう／かもしれません

☐ そう(seems)

☐ そう(hearsay)

☐ Comparison

☐ Double particles...では、でも、とは、etc.

☐ 〜ので／から、〜

☐ 〜が／けど、〜

☐ Conjunctions...そして、でも、それから、たとえば、そのあとで (after that)、その時 (at that time)、だから (therefore)

■ 私はニューヨークに行ったことがあります。２００５年のなつでした。とても
たのしいりょこうでした。ニューヨークでは買いものに行ったりミュージカルを
見たりしました。... それから...。その後で...でも去年のロサンゼルスの
りょこうはひどかったんです。その時は...

_____

_____

_____

_____

_____

_____

_____

かくれんしゅう　**Writing Practice**

A. Look at the chart on pages b-261–b-263 of your textbook and write each kanji ten times using the handwritten style.

春
夏
秋
冬、
朝
昼
晚
午
前
後
去
昨
供
元
思

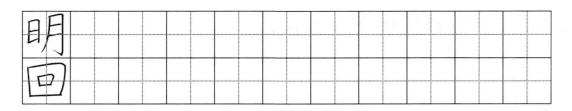

B. Rewrite each sentence using **kanji**, **hiragana**, and **katakana**.

1. なつは、ひる　きおんがあがって、とてもあつくなります。

_____

2. きのうのばん、ごごじゅうじはんごろ　じょんそんさんにあいましたが、
げんきでした。

_____

3. こどものとき、ふゆ　よく　すけーとをしました。

_____

4. きょねんのはる、にほんにいきました。

_____

5. いっしゅうかんに　よんかいぐらい　かぞくとはなします 。

_____

6. いま、あさろくじごろ　あかるくなります。

_____

7. よねんまえのあき、かぶきをみました。とても　きれいだと
おもいました。

_____

ラボのれんしゅう **Lab Activities**

Part 1: Vocabulary

Please turn to the vocabulary list on pages b-224 and b-225 of your textbook and repeat each word or phrase you hear.

Part 2: Vocabulary Practice

A. Listen to each short exchange, then write the date or time expression in English.

■ You hear: A: 何時に起きたんですか。

                B: 八時に起きました。

  You write: <u>8 o'clock</u>

1. _____

2. _____

3. _____

4. _____

5. _____

6. _____

Part 3: Speaking and Listening Comprehension Activities

I. Talking about time using noun/adjective + 時<small>（とき）</small>, duration + 前<small>（まえ）</small>／後<small>（ご）</small>

A. Listen to the monologue and answer the following questions.

1. この人は、ひまな時<small>（とき）</small>、何をするのが好きですか。 (Write your answer in Japanese)

   _____

2. 休みはいつでしたか。

   in January

   one month ago

   one week ago

3. どのぐらい友達<small>（だち）</small>のアパートにいましたか。

   four days

   five days

   eight days

4. どのぐらいホテルにいましたか。

   three days

   four days

   six days

5. どのぐらいレストランに行きましたか。

   two times

   three times

   four times

6. 今度<small>（こんど）</small>の休みはいつですか。

   in October

   three months from now

   six months from now

7. 休みはどのぐらいでしょうか。

   six days

   one week

   ten days

II. Talking about past experiences using 〜たことがある; listing representative activities using 〜たり〜たりする

A. Listen to each of the following dialogues, followed by a question. Write はい or いいえ based on what you heard. Stop the audio as necessary.

■ You hear:　A: スミスさんは日本に行ったことがありますか。

　　　　　　　B: いいえ、ありません。

　　　　スミスさんは日本に行ったことがありますか。

　You write:　<u>いいえ、ありません。</u>

1. _____

2. _____

3. _____

4. _____

5. _____

6. _____

B. You are an elementary school administrator. You are looking for a teacher who speaks English fluently and likes small children and sports. Listen to four interviews and circle the names of the candidates who meet each qualification. After listening to the interviews, choose the best candidate.

Speaks English fluently	山田さん	山本さん	本田さん	田口さん
Likes small children	山田さん	山本さん	本田さん	田口さん
Likes sports	山田さん	山本さん	本田さん	田口さん
Best Candidate	山田さん	山本さん	本田さん	田口さん

III. Expressing frequency using time-span に frequency / duration / amount

A. Listen to several people talk about their habits, then write in English the frequency/duration/ amount and time frame, and what the activity is.

■ You hear: えいがを二週間に一度見ます。

You write: <u>once every other week</u>   <u>to watch movies</u>

1. _____   _____

2. _____   _____

3. _____   _____

4. _____   _____

5. _____   _____

6. _____   _____

IV. Expressing hearsay using the plain form + そうだ

A. Listen to the following exchanges and complete each sentence in writing, using そうです。 Stop the audio as necessary.

■ You hear: A: 山田さんは昨日何をしましたか。
   <ruby>昨日<rt>きのう</rt></ruby>

   B: しゃしんをとりにうみに行きました。

   You see: 山田さんは　and a blank line

   You write: 山田さんは<u>しゃしんをとりにうみ (ocean) に行ったそうです。</u>

1. スミスさんは _____

2. 田中さんは _____

3. 鈴木さんは _____
   <ruby>鈴<rt>すず</rt></ruby>

4. ブラウンさんは _____

5. キムさんは _____

6. 川口さんは _____

V. Using noun modifying clauses in the past and present

A. Listen to each of the following exchanges then look at the statement. If the statement is true circle はい; if it is false, circle いいえ.

■ You hear:　A：昨日食べたおすしはどうでしたか。
　　　　　　　　　きのう

　　　　　　　B：とてもおいしかったですよ。

You see:　昨日おいしいおすしを食べました。　はい　　　いいえ
　　　　　きのう

You circle:　(はい)　because the speakers said that the sushi they ate yesterday was good.

1. 山田さんはシカゴのはくぶつかんに行きました。　　　　　はい　　　いいえ

2. 田中さんは子供の時よくそとであそびました。　　　　　はい　　　いいえ
　　　　　　　　　　とき

3. スミスさんはリーさんが好きでした。　　　　　　　　　はい　　　いいえ

4. 大山さんは学校の後ろにあるこうえんによく行きます。　はい　　　いいえ
　　　　　　　　　うし

5. 中村さんは寒いところが好きです。　　　　　　　　　　はい　　　いいえ
　　　むら

6. 山本さんは昨日じゅぎょうに来ました。　　　　　　　　はい　　　いいえ
　　　　　　きのう

B. Listen to each of the following exchanges. After each one, write what kinds of things or people are being discussed, using nouns and modifying clauses.

■ You hear:　A：どんな人が好きですか。

　　　　　　　B：英語が上手な人が好きです。
　　　　　　　　えい

You write:　えい語が上手な人

<u>ことばのリスト</u>

シラバス = *syllabus*

1. _____

2. _____

3. _____

4. _____

5. _____

6. _____

Part 4: Dict-a-Conversation

You, Smith, are talking to your friend Yamada-san about your last vacation.

スミス： _____

　山田： _____

スミス： _____

　山田： _____

スミス： _____

　山田： _____

スミス： _____

　山田： _____

スミス： _____

Crossword Puzzles

ふくしゅうパズル

だいななか

Use plain forms for verbs unless the ます-form is specified for all puzzles in this book.

よこ　(Across: A 〜 R)

A. black tea
B. orange
C. What kind of music does Mr. Yamada like to listen to?
D. 「きます」の plain negative form
E. meat
F. delicious
G. レストランで（　　　　　）to dine
H. classical music
I. baseball
J. to hike
K. apple
L. hobby
M. to make
N. 「します」の plain negative form
O. しゃしんを（　　　　　）to take
P. Among fruits, what do you like the best?
Q. food
R. expensive fish

たて　(Down: 1 〜 18)

1. to go for (= do) a drive
2. fishing
3. Ms. Ueda often travels.
4. carrot
5. favorite drink
6. How about wine? (or How is the wine?)
7. how many hours
8. a new friend
9. inexpensive
10. rock and roll
11. (I) don't drink beer.
12. 「好きです」の plain negative form
13. Q: とうきょうとニューヨークとどちらの が大きいですか。
    A: （　　　　　　　　　　　）。
    (Tokyo is bigger than New York.)
    ヒント：〜の方が〜より
14. tea, green tea
15. egg
16. In Japan, which city is the oldest?
    (Use 「どのまちが」)
17. What are the vegetables you dislike?
18. I love to sing songs.

なかま1

だい7かのふくしゅうパズル

よこ (Across): A 〜 R
たて (Down): 1 〜 18

☐ :かんじ

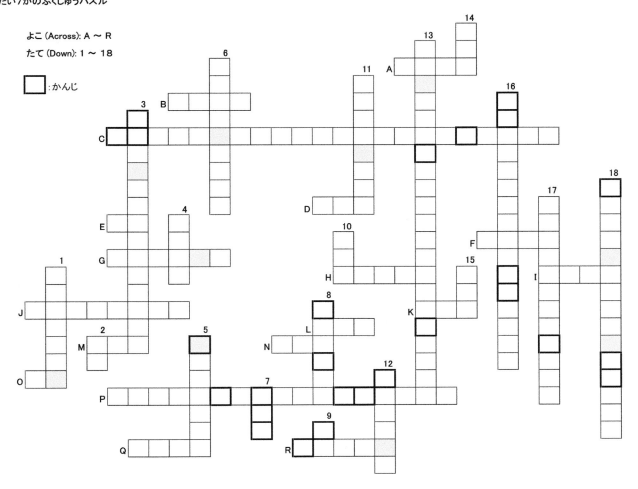

Using the ひらがな in the highlighted boxes, complete the question sentence and write your answer.

Q: ☐☐☐ スポーツ ☐☐☐☐☐ ですか。

A: _____ 。

だい八か
はち

よこ　(Across: A 〜 O)

A. 私は（　　　　　　　　　　　　）。
   (I) want a hat.
B. 田中さんは（　　　　　　　　　　　）。
   Mr. Tanaka wants to buy a wristwatch.
C. birthday
D. 私は（　　　　　　　　　　　　）。
   (I) want to go to Japan.
E. Do you have one that's a little bit cheaper?
   (literally: Isn't there 〜 ?)
F. (I) drank four bottles of beer.
G. 346 yen　（ひらがなでかいてください）
H. りんごを（　　　　　　）かいました。
   eight （ひらがなで）
I. （　　　　　　　　　　　）ですか。
   How much are these (→この) shoes?
J. 100 えん　（かんじでかいてください）
K. ひとつ　→　（　　　　　）　→　みっつ
L. that shop (over there)
M. あのかばんを（　　　　　　）ください。
   take / pick up
N. Which floor is the stationery department on?
   (Use「〜は〜にあります」structure.)
O. umbrella
P. りんごが（　　　　　　）あります。
   five （ひらがなで）
Q. Please give me seven of these cakes.　（この）
R. りんごを（　　　　　　）かいました。
   six （ひらがなで）

たて　(Down: 1 〜 19)

1. "ten discrete objects" は「とう」じゃ
   ありません。（　　　　　）です。
2. Please put (it) in the box.
3. expensive clothing
4. Do you have one that's a lot bigger?
   (literally: Isn't there 〜 ?)
5. 山田さんは（　　　　　　　　　　）。
   Ms. Yamada wants a ring.
6. socks
7. (I) bought five Japanese books. / (I) bought five
   books in Japanese.
8. オレンジが（　　　　　　）あります。
   nine （ひらがなで）
9. いぬは（　　　　　）いますか。
   how many
10. そのネックレスを（　　　　　　）。
    please show
11. オレンジが（　　　　　　）あります。
    four （ひらがなで）
12. （　　　　）うりば
    food
13. A: あまりのまないんですね。
    B: はい、（　　　　　　　　　　）。
    I don't like (it) very much. (Use「〜んです」.)
14. オレンジは（　　　　　）ありますか。
    how many
15. basement
16. 19,768 えん
    （ひらがなとかんじでかいてください）
17. うちにCDが（　　　）ぐらいありますか。
    how many
18. a lot, many, much

なかま1

だい八かのふくしゅうパズル

よこ (Across): A ～ Q

たて (Down): 1 ～ 18

☐ ：かんじ

Using the ひらがな in the highlighted boxes, make a meaningful sentence.

Q: ☐☐ で ☐ が ☐☐☐☐☐ か 。

A: _____ 。

だい九か
きゅう

よこ　(Across: A 〜 T)

A. dessert that looks sweet
B. Why don't we buy something?
C. fillet of fresh raw fish
D. spicy hot
E. あつい (in temperature)　⇔　(　　　　　)
F. Why don't we go to see a movie together?
G. Japanese wheat noodles (thick white noodles)
H. sour
I. to talk, speak
J. Let's make something.
K. bitter
L. to meet a friend
M. to get up
N. beef steak
O. chocolate
P. *ramen* (Chinese noodles in soup)
Q. sandwich
R. oil
S. bread that looks soft
T. to read

たて　(Down: 1 〜 19)

1. いいえ、(　　　　　　　　　)。
    (No, thank you.)
2. (I) don't need anything.
3. Japanese cuisine
    (=another way to say 日本りょうり)
4. salad
5. What would you like to drink? (Use ます form)
    (literally: As for drinks, what will you decide on?)
6. lunch (カタカナで書いてください。)
7. to take a rest
8. Let's go to eat Chinese food.
9. (comfortably) warm
10. Is there an Italian restaurant somewhere?
    (Use「〜に〜があります」structure.)
11. Japanese buckwheat noodles
12. コーヒーを (　　　　　　　　)。
    (I will have coffee/Coffee, please.)
13. cookie
14. What shall we order?
15. hamburger
16. I will have *tempura*. (Useます form)
    (literally: I decide on *tempura*.)
17. to go home
18. やわらかい　⇔　(　　　　　)
19. おおい　⇔　(　　　　　)

なかま1

だい九かのふくしゅうパズル

よこ (Across): A 〜 T

たて (Down): 1 〜 19

☐ :かんじ

Using the ひらがな in the highlighted boxes, complete the question sentence and write your answer.

Q: ☐☐☐ 日本 ☐☐☐☐☐ 好☐☐☐ か。

A: _____ 。

だい十か

よこ　(Across: A 〜 U)

A. My youngest sister is 15 years old.
   (literally: the first from the bottom)
B. nose
C. good-looking
D. 「四人」の読み方は何ですか。
   (= how to read)
E. middle, center
F. この本はおもしろい（　　　　　　　）。
   I think that 〜.
G. I like people who are cheerful and interesting.
H. 私の（　　　　）: child
I. 田中さんは（　　　　　　　）です。
   He has long legs (literally: legs are long)
J. 山中さんの（　　　　　）: husband
K. 山下さんの（　　　　）: wife
L. square
M. cute, adorable
N. (my) parents
O. 山田さんは（　　　　　　）です。
   He has big eyes (literally: eyes are big)
P. ぼうしを（　　　　　　）。
   be wearing: ます-form
Q. to put on a tie
R. to put on shoes
S. 山川さんは（　　　　　　）です。
   She has short hair. (literally: hair is short)
T. round
U. (My) grandmother is good at cooking.

たて　(Down: 1 〜 17)

1. (My) younger brother is tall and thin.
   （ます-form）
2. 私は姉が（　　　　　）います。
   one person: ひらがなで書いてください。
3. (My) elder sister is married. （ます-form）
4. face
5. (My) father is a little chubby. （ます-form）
6. 女の人　⇔　（　　　　　）
7. 山田さんの（　　　　　）: grandfather
8. (My) mother is short and wears glasses.
   （ます-form, Skip the box of the comma.）
9. 男の子　⇔　（　　　　　）
10. Who is the person wearing a kimono?
11. I have two siblings.
    (Use 「〜は〜が＃います」 structure.)
12. おばあさんは（　　　　　　）ですか。
    (Use another way to say なんさいですか。
    : polite)
13. smart, intelligent
14. (My) grandfather is very lively (=healthy) and
    kind.
15. 「口」の読み方は何ですか。
16. (My) elder brother is employed at a company in
    Tokyo. （＝とうきょうの会しゃ）（ます-form）
17. How many people does your family consist of?
    (literally: How many people-family is it?)

なかま1
だい十かのふくしゅうパズル

よこ (Across): A 〜 U
たて (Down): 1 〜 16

□ ：かんじ

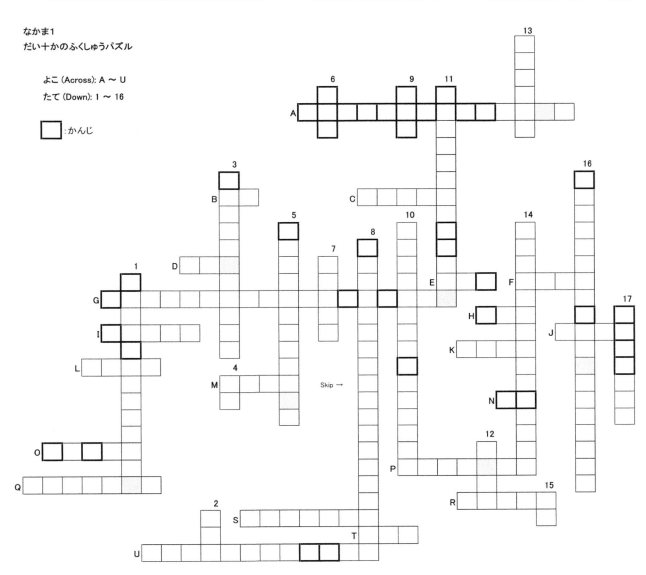

Using the ひらがな in the highlighted boxes, complete the question sentence and write your answer.

Q:　**今、どこ** □□□□□□□ **か。**

A:　_____ 。

だい十一か

よこ　(Across: A 〜 U)

A. 「四月」の読み方は何ですか。
B. It will probably become good weather.
C. 「来る」の plain past form
D. ふゆのまえ
E. the weather that seems to rain (use 〜そう)
F. 「いい」の plain past form
G. (I) got up early today.
   (literally: As for today, I got up early.)
H. 「書く」の plain past negative form
I. Who is the person who is reading the book?
J. 多い　⇔　（　　　　　　　）
K. 気温が下がる　⇔　（　　　　　　　）
L. 「いや」の plain past form
M. It became quiet.
N. 「今年」の読み方は何ですか。
O. not quite cold
P. It will probably become cloudy.
Q. recently
R. It might snow.
S. The cold wind is strongly blowing.
T. よこはまは（　　　　　　　　　　）。
   Yokohama is in the west of Tokyo.
U. 「よわい」の plain past negative form

たて　(Down: 1 〜 21)

1. this morning
2. (I) cleaned my room.
   (literally: (I) made my room clean.)
3. season
4. night
5. It is snowing.
6. 「四度」の読み方は何ですか。
7. A : 寒いですか。B: いいえ、（　　　）です。
8. sunny then cloudy
9. What is difficult about Japanese?
   (literally: As for Japanese, what is difficult?)
10. spring
11. 「しずか」の plain past negative form
12. winter
13. 「つづく」の plain past form
14. It was a humid summer.
15. The weather was not good, so I stayed (=was)
    at home.
16. weather forecast
17. 「来る」の plain past negative form
18. I wonder if it will be sunny.
19. 「あたたかい」の plain past form
20. last year
21. 「わるい」の plain past form

なかま1
だい十一かのふくしゅうパズル

よこ (Across): A 〜 U
たて (Down): 1 〜 21

☐ : かんじ

13
18
20
A
15
B
C
16 19 21
D
E 12
F
7 9 10
2
G
H
17
I
J
K
L
M
N
O
14
P
1
3 5 11
Q R
4
S
8
T
6
U

Using the ひらがな in the highlighted boxes, complete the question sentence and write your answer.

Q: 今まで ☐☐☐☐ 中で ☐ 一番 ☐☐☐ ろ ☐☐ ですか。

A: _____ 。

だい十二か

よこ　(Across: A 〜 U)

A. last year
B. ようか　→　（　　　　　）　→　とおか
C. (I) go to the library about 3 times a week.
　（↑Use 「〜回」）
D. 「五日」の読み方は何ですか。
E. the year before last
F. I heard that Ms. Yamashita has never worn a *kimono*.
G. lunch
H. foreign countries
I. 「秋」の読み方は何ですか。
J. ついたち　→　（　　　　　）　→　みっか
K. 午前　⇔　（　　　　　　　）
L. Happy New Year =　（　　　　　）ございます。
M. church
N. 中学の時、（　　　　　　　　　　）。
　(I) got on a plane for the first time.
O. I heard that it was not delicious.
P. 「二十日」の読み方は何ですか。
Q. 先月　→　今月　→　（　　　　　）
R. the New Year (with the polite prefix 「お」)
S. Shinto shrine
T. aquarium
U. festival

たて　(Down: 1 〜 20)

1. spring semester
2. Let's meet after one month.
3. What is the book that Mr. Yamada bought yesterday?
4. a half year
5. I heard that Ms. Tanaka is a teacher at the university.
6. 「もらう」の plain past negative form
7. winter break
8. Have you seen a *kabuki* (performance)?
9. bright
10. memories of summer vacation
11. 「なく」の plain past form
12. museum
13. 私は毎日（　　　　　　　　）にコーヒーを飲む。 morning and evening
14. art museum
15. (I) watch TV for about two hours a day.
16. ocean
17. (I) did things like playing at an amusement park and going to a zoo.
18. スミスさんは日本に（　　　　　　　　）。
　I heard that Mr. Smith went to Japan 5 years ago.
19. the seventh day of the month
20. 「元気だ」の plain past form

なかま1
だい十二かのふくしゅうパズル

よこ (Across): A 〜 U
たて (Down): 1 〜 20

□ :かんじ

Using the ひらがな in the highlighted boxes, complete the question sentence and write your answer.

Q:　　小学校の時、よく　　ど □□□□□□□□ か。

A: _____ 。